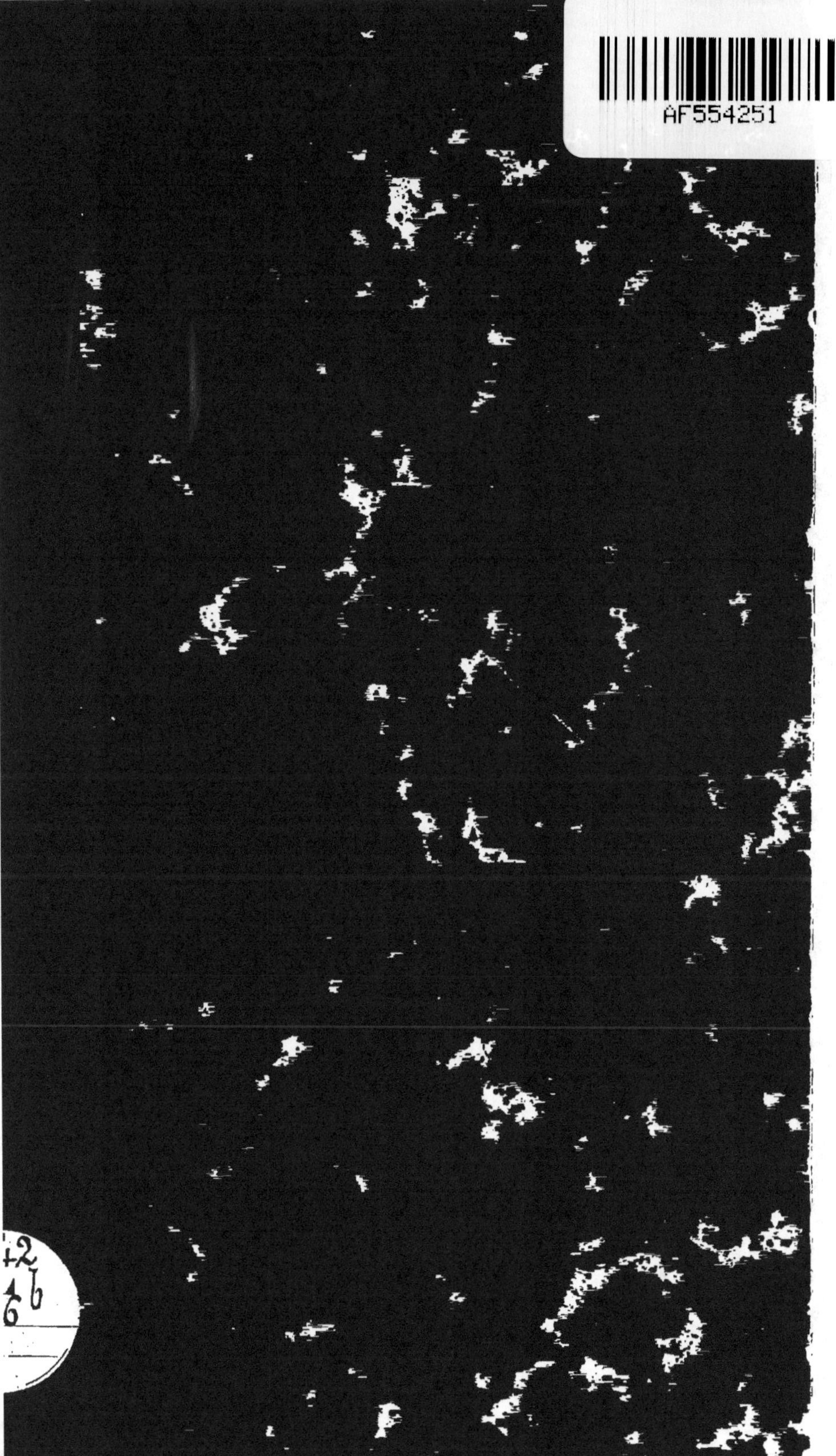

APPEL
A LA
NATION FRANÇOISE

PAR

ROLAND-GASPARD LEMERER,

député d'Ile et Vilaine au Conseil des Cinq-Cents.

A TOULOUSE.

1797.

APPEL

A LA

NATION FRANÇOISE;

PAR ROLAND-GASPARD LEMERER.

Député d'Ile & Vilaine, au Conseil des Cinq-Cents.

LE peuple François, attaqué dans ses vrais représentans; le Corps législatif mutilé et démembré; plus de cinquante députés condamnés à la déportation; deux directeurs, un ancien ministre, tous les journalistes courageux, ou qui croyoient bonnement à la liberté de la presse, quelques généraux, nombre de citoyens frappés de la même proscription; tout cela sans jugement, sans instruction et sans formes, sans qu'aucun ait été ni cité à comparoître, ni entendu dans sa défense; tous ayant ignoré cette trahison infâme, presque tous, au moins, ne l'ayant su que comme celui qui se réveille en sursaut, à l'aspect du glaive dont va le frapper un assassin ; les nouvelles élections populaires audacieusement anéanties ; la constitution renversée dans ses fondemens ; voilà par quels attentats, trois directeurs, Barras, Rewbel et Lepaux, ont osé provoquer la nation toute entiere.

Ce n'est pas assez de protester contre tant d'iniquités et de violences, si l'on ne dévoile en même temps aux yeux de la France indignée, l'infernale machination qui les a produites et qui se prépare à de nouveaux crimes. Je m'empresse néanmoins de déclarer qu'ici, à peu de choses près, je n'ai à exposer aux yeux de mes contemporains, qu'une partie de ce sombre tableau dont ils ont pu saisir les principaux traits. Ce que les hommes un peu attentifs ont dû observer ; ce que les hommes un peu clairvoyans ont pu deviner, je vais essayer de l'exposer. Un jour, n'en doutez pas, et ce jour n'est pas loin, peut-être, les terreurs de la mort qui, sous nos yeux, fait si prompte justice des coupables, la douleur et le remords arracheront au crime ses dernières révélations.

En attendant que l'histoire ait recueilli les renseignemens, les matériaux et les faits qui constatent cette conjuration profonde qui s'est emparé de *la révolution*, il n'appartiendroit de nos jours qu'à l'un des grands complices d'en développer tous les mystères; et si le remords venoit jamais à déranger une conscience où tous les crimes ont été se loger symétriquement, qui, mieux que l'abbé Syeys, pourroit en dérouler, tout-à-coup, les épouvantables vérités. ?

J'ajouterai qu'il est des choses qu'on ne doit pas divulguer quand leur révélation n'est pas évidemment utile, à plus forte raison quand elle est de nature à nuire à la justice.

Sachons donc nous réduire dans un exposé qui n'est et ne doit être qu'un *appel.*

Ainsi, non-seulement je ne m'arrête point à rechercher les causes qui ont amené la révolution, les moyens étranges qui, très-loin de nous, auront pu en seconder l'activité, en accélérer les progrès; je franchis les grandes époques de ce cycle effroyable; je laisse derrière moi les scènes du 23 juin, du 14 juillet, des 5 et 6 octobre, du 10 août, du 21 janvier pour l'ancien calendrier; et dans le nouveau, les journées du 9 thermidor, du 30 germinal, du 1er prairial, époques auxquelles je prie néanmoins qu'on réfléchisse, et qui sont comme des points de vue plus élevés d'où l'on découvre tout le jeu de la sphere révolutionnaire et tous les mouvemens des machinateurs.

Je m'arrête seulement à la journée du 13 vendémiaire, parce que c'est là que commence, si je puis ainsi parler, celle du 18 fructidor.

La Convention Nationale, soudainement créée sous des auspices terribles, et composée, dans sa majorité, d'élémens pernicieux, naquit, vécut et mourut dans le sang. A l'heure fatale qui sonnoit les massacres de septembre, étoient en même temps convoqués les nouveaux élus du peuple, et chacun sait de reste comment furent pratiquées ces élections prétendues. Ils étoient à peine réunis, qu'à la voix d'un vil histrion, la république fut proclamée. Bientôt le plus horrible comme le plus inutile des forfaits, divisa la Convention, arma des furieux les uns contre les autres : on a pu remarquer combien de ces monstres ont déja péri de la main de leurs complices ; d'Orléans, lui-même, trompé dans ses affreux projets, a subi cette inévitable loi. Mais si le sang impur a coulé, des flots de sang innocent ont inondé la France ; tous les crimes furent déchaînés à la fois, et notre malheureux pays ne fut plus qu'un vaste champ où regnoient la terreur et la mort.

Cependant les excès ont un terme, et dans toute anarchie, il est quelques intervalles de repos. Déja plusieurs scélérats avoient succombé ; le 9 thermidor fit enfin justice de Robespierre, immédiatement suivi de ses principaux complices. Les échafauds furent abattus, les prisons s'ouvrirent, des traités spécieux ramenerent tous les hommes que le désespoir avoit armés. Ce fut alors que cette assemblée qui s'étoit si heureusement servie des brigands pour assassiner le peuple au nom du peuple, se vit à son tour attaquée par ces mêmes brigands licenciés ; trop heureuse alors d'appeler à son secours, et ce général Pichegru dont la vertu doit s'indigner aujourd'hui d'avoir pu la servir, et cette généreuse jeunesse, devenue depuis l'objet des proscriptions et des outrages. Elle triompha. Echappée à d'imminens périls, elle eut alors à disposer d'un assez grand loisir; ajournant pour le moment les proscriptions, les meurtres, les exils, les confiscations, il ne lui restoit rien de mieux à faire qu'une constitution. Elle en fit donc une, et très-vîte elle la fit, parce que, comme on sait, rien de plus facile à faire parmi nous qu'une constitution; l'ouvrage se commande du jour au lendemain; il n'en coûte à M. l'abbé Syeys que la peine de chercher dans ses tiroirs.

En cela pourtant, la Convention Nationale usa d'une politique assez adroite; elle avoit vieilli dans le crime, elle sentoit le pouvoir échapper de ses sanglantes mains, et le besoin de recréer par une métamorphose. Ici donc la magnifique constitution de l'an 3 n'étoit qu'un moyen; le but réel qui bientôt ne fut plus un mystère, étoit de prolonger son existence avec la seule précaution d'en refondre les élémens. En conséquence furent promulgués les fameux décrets des 5 et 13 fructidor, qui, réglant l'organisation du nouveau Corps législatif à former, imposoient au peuple assemblé l'obligation d'en prendre les deux tiers dans la Convention, et lui cédoient, comme une grace, la faculté de nommer librement le dernier tiers. Ces réglemens furent accolés à l'acte constitutionnel proposé à l'acceptation pure et simple des assemblées primaires. Il arriva ce qu'on avoit prévu, et ce qui, dans la pensée des machinateurs, étoit compté pour un succès; c'est que plusieurs sections ne délibérerent pas sur l'adoption d'un réglement qui n'avoit rien de constitutionnel, ou qui plutôt étoit l'infraction anticipée du nouveau pacte social, et comme le présage de toutes les atteintes qui lui seroient portées. Quelques-unes accepterent; d'autres, en plus grand nombre refuserent avec éclat. Or, si dans le récensement des votes, on comptoit pour acceptation formelle le silence des sections qui ne s'étoient pas expliquées, on pouvoit bien feindre le résultat imposteur que la Convention n'eût pas honte de proposer comme l'expression de la vérité. On pouvoit dire, avec cette rare impudence qui l'a toujours et si heureusement caractérisée: Le compte est sûr et la chose est claire;

le peuple nous aime avec idolatrie ; il veut absolument, ce peuple *souverain*, que les deux tiers de ses nouveaux législateurs soient pris dans le sein de cette même assemblée dont il bénira éternellement les travaux et la mémoire. Partant, nous restons en place, et pour obéir aux volontés déclarées du *souverain*, et pour travailler encore à la félicité de ce bon peuple.

A moins d'être la Convention Nationale toute entière, il n'est pas un être au monde qui associât tant d'extravagance et d'audace, qui se prêtât à cette intolérable fiction, pour supposer, quand il s'agit des droits les plus sacrés, tout ce qu'il plaît de supposer, et faire parler jusques au silence. Cette infâme supercherie fut devinée ; de vives réclamations se firent entendre ; les sections de Paris prirent de courageux arrêtés ; on vouloit au moins vérifier par la publication des procès-verbaux, si, comme tout concouroit à le faire présumer, la Convention n'avoit pas dressé un compte algébrique qui se composoit de quantités négatives ? Que fait la Convention Nationale ? Alarmée d'une réclamation trop imposante, elle rassemble autour d'elle ses vrais amis, ses dignes satellites, tous les brigands qu'elle avoit désarmés ; et pour enhardir à de nouveaux attentats leur fureur comprimée, elle remet dans leurs parricides mains des armes encore teintes du sang de l'innocence. Bientôt les électeurs qui s'étoient déja rassemblés, dispersés par une soudaine et criminelle violence, sont réduits à se réfugier dans leurs sections. Une armée s'approche ; cet horrible manifeste n'est que trop entendu ; tout Paris s'émeut ; les sections s'agitent, on y propose des mesures extrêmes, c'est précisément ce que vouloient, après avoir disposé leurs batteries, les hommes affreux qui dirigeoient la Convention ; ils ont partout distribué leurs émissaires pour enflammer les passions, aigrir les ressentimens ; tout succede au gré de leur fureur, et déja les malheureux citoyens auxquels on a persuadé de s'armer pour demander le licenciement des terroristes, sont enveloppés de toutes parts. Le signal est donné ; l'airain tonne ; des canons à mitraille vomissent la destruction et la mort ; Paris n'est plus qu'un champ de carnage ; ainsi finit la Convention Nationale.

Je ne parle point ici des commissions militaires qui furent de suite érigées pour achever d'exterminer les débris de vendémiaire. Qui ne sait que l'oppresseur ne pardonne point à ses victimes, et qu'on a vu plus d'un assassin insulter le cadavre de celui qu'il avoit égorgé? Mais comment taire les projets sinistres qui furent alors secretement délibérés, projets que la courageuse opposition du représentant Thibaudeau fit échouer en partie, mais dont la loi du 3 brumaire fut au moins le supplément? Il s'agissoit de faire encore une fois disparoître comme une ombre la nouvelle constitution, et d'anéantir d'un seul coup les élections qui s'étoient faites sous la garantie de cette loi fondamentale. Pour triompher plus sûrement, on avoit, suivant l'usage, déployé l'appareil de la terreur. Quatre représentans avoient été emprisonnés, plusieurs furent accusés dans un comité général; pour cette fois les machinateurs furent déconcertés, chose remarquable, car c'est la première et la seule machination de ce genre qui n'ait pas complettement réussi. Revenus le lendemain à la charge, ils avouerent très-nettement, par l'organe de Tallien, rapporteur de la commission, que *d'après la séance de la veille*, ils avoient abandonné une partie de leur plan, mais ils en déroulerent l'autre moitié dans la fameuse loi du 3 brumaire, ce code d'iniquités et de violence, fait pour ranimer les proscriptions éteintes et neutraliser en détail les choix du peuple. Ce fut le dernier adieu de la Convention, et cet adieu fut une injure; jusques à son dernier soupir, elle n'as pas démenti son caractere mal-faisant.

Arrêtons-nous un moment; ouvrons l'histoire de notre pays; consultons, s'il le faut, les annales des autres peuples; en quelle contrée, dans quel siecle, chez qu'elle nation trouverez-vous jamais cette accumulation de forfaits qui surchargent le court espace de temps qu'a duré la session Conventionelle? Quel desposte asiatique s'est jamais joué avec plus d'insolence de ses esclaves, de leurs biens et de leurs vies? Quels conquérans farouches ont plus indignement foulé des peuples asservis? Quels usurpateurs ont exercé plus de vengeances? Près de l'ancien comité de salut public et des héritiers de son esprit, Marius et Sylla,

Bajazet, Tamerlan, Seha Nadir, sont des hommes débonnaires. Un jour, un seul jour de la courte vie de ces exécrables tyrans, est souillé de plus de forfaits que la France n'en reproche aux longs regnes de ceux de ses Rois dont elle a justement flétri la mémoire. Républicains superbes, qui vivez aujourd'hui, sans jamais vous ressouvenir de la veille, ni prévoir le lendemain, ah ! si ce n'étoit pas exiger beaucoup au-delà de vos forces, ne pourriez-vous point saisir au hasard quelques traits de la foible esquisse qui vous est ici présentée du plus effroyable tableau ? Quelques hommes envoyés, mais sans pouvoir et sans mission, débutent par renverser la constitution établie, avec elle tout l'ancien systême du gouvernement de la France ; et cet horrible farce, dans laquelle un comédien est premier personnage, est comme le premier acte d'une tragédie sanglante : bientôt l'expropriation est mise en systême, on extermine avec méthode. Des classes d'hommes sont proscrites en masse : on n'épargne ni les vieillards, ni les enfans, ni les femmes. Les sépultures sont violées, les autels profanés, les temples dépouillés, les ministres égorgés. La Nation se réveille un moment; elle ose interroger, menacer ses oppresseurs, un mouvement armé s'opere dans quelques départemens. Alors un squelette de constitution est jeté au peuple pour appaiser le peuple irrité; et quoique cet indigne chiffon fut comme la théorie du crime et la dissolution sociale mise en équation, on l'accepte malgré l'opposition de tous les hommes sages; ici, la tyrannie se démasque par la plus horrible dérision. La constitution acceptée se renferme à l'instant dans une urne funéraire; et comme un nuage empesté qui s'ouvriroit tout-à-coup pour laisser tomber sur un pays tous les germes de la mort, du volcan conventionel sort le code révolutionnaire qui ravage toute la France. Quand ce fléau a disparu, quand l'assemblée représentative s'est purgée, sinon des plus odieux, au moins des plus fameux assassins; quand une troisieme et nouvelle constitution est donnée, que pensez-vous de ceux qui la donnent? Croyez-vous à la sincérité de ces prétendus législateurs, et pensez-vous qu'ils aient voulu sérieusement appliquer à leur pays un régime stable et régulier ? Vous mériteriez presque le sort qui vous attend, insensés que l'expérience n'a point encore corrigés de cette crédulité grossiere. Concevez-donc une fois qu'après s'être longuement décimée, mutilée, la Convention avoit besoin de se recruter; que flétrie, abâtardie, elle avoit besoin de se recréer par quelque artifice politique, et tout cela pour ne pas se dessaisir du pouvoir : or, l'exécution de ce plan n'a pas tardé ; les mitraillades de vendémiaire ont pourvu au premier objet : on a commencé de suite à remplir le second par la loi du 3 brumaire, qui cassant en partie les élections du peuple, renversoit la constitution sur ses bases.

Ici, les faits sont notoires à tout l'univers ; et s'ils ne suffisent pas pour confondre des conspirateurs infames, il faut nier qu'il ait jamais existé une conspiration sur la terre.

Nous voici parvenus à la seconde époque, et si nous continuons de suivre d'un œil attentif la marche des conspirateurs, nous verrons se développer de plus en plus la trame des machinations.

Les nouveaux députés arriverent dans le cours du mois de brumaire : le sang de vendémiaire fumoit encore, et ses traces indiquoient le chemin à suivre pour arriver au lieu des séances. Le jardin des Thuileries, la place du Carousel, étoient un véritable camp. De toute part un aspect formidable entouroit l'antre de la terreur.

Le nouveau corps législatif formé, divisé en deux conseils, la premiere opération dont on eût à s'occuper, ce fut la composition du directoire exécutif. On sait assez comment cela se pratiqua, et par quelle manœuvre adroite, sur cette liste décuple, surchargée de je ne sais combien de noms obscurs fort étonnés de s'y trouver ensemble ; le conseil des anciens, eût-il été composé en majorité d'élémens purs, étoit presque nécessité à ne choisir que des meurtriers pour directeurs, à confier les rênes de l'Etat à des mains homicides ? Et c'est précisément ce qui arriva ; dès-lors se forma un concordat intime entre les électeurs et les élus. La fortune publique, les propriétés individuelles, tous les droits de la cité furent ballottés dans ce trafic infame ; mais pour s'assurer les profits spéculés par cette faction criminelle, il falloit tout sacrifier au gouvernement naissant; ajouter à ses prérogatives constitutionnelles, déja prépondérantes; doubler sa force et multiplier ses moyens d'oppression. On commença donc par lui déférer la nomination aux places de juges, qui n'avoient pas été pourvues par les assemblées électorales, soit qu'elles en eussent été empêchées par la violence, comme celle de Paris, et de plusieurs autres départemens; soit qu'elles eussent consumé un temps utile en vains débats; une loi n'ayant donné que dix jours pour consommer toutes les opérations. Ce devoit être déja quelque chose de bien terrible, qu'un gouvernement qui dans sa sphere constitutionnelle disposoit souverainement de la force armée, faisoit mouvoir de sa volonté suprême cinq à six cents mille bayonnettes, changeoit, destituoit arbitrairement les commandans, qui dans l'ordre civil pouvoit suspendre ou destituer à son gré les administrateurs et les remplacer à son gré, et à qui l'on permettoit encore, dans l'ordre judiciaire, de peupler les tribunaux de ses créatures, et par conséquent, de se rendre maître des jugemens

jugemens. Mais voici quelque chose de bien plus révoltant, on s'empressa de lui donner le droit de vie et de mort sur une foule de citoyens François. Oui, le droit de vie et de mort. Eh! qu'est-ce autre chose, en effet, de quel autre nom qualifier le droit terrible dont on l'investit de statuer définitivement sur les radiations d'émigrés? Observez que déja par l'intermédiaire de ses commissaires près les administrations, et par le moyen de ces administrations elles-mêmes, destituables à volonté, déja le directoire exécutif présidoit à la formation de ces listes fatales, et pouvoit y inscrire quiconque auroit eu une *maison d'Albe* à la convenance d'un directeur. Or, lui donner encore par-delà cette effrayante prérogative, l'attribution directe de prononcer en dernier ressort sur toutes les réclamations d'émigrés, c'étoit créer une véritable dictature; c'étoit mettre à ses pieds l'existence et la fortune de tous les François; c'étoit par la plus étrange législation qui jamais ait signalé la fureur humaine, le rendre tout à la fois accusateur, partie civile et juge.

Déja l'indignation publique frémissoit

la généreuse hardiesse des écrivains périodiques, attaquant, démasquant les machinateurs et les traîtres, se rendoit importune à la souveraine puissance, et la troubloit sur son lit de roses. Quoiqu'on ait pu faire, l'opinion publique n'est pas encore éteinte en France ; la douleur, la colere et la honte lui redonnent par fois cet accent qui réveille tous les sentimens chers à la nation. Donc plus rien ne manquoit au repos, au bonheur du directoire, que d'asservir à sa pensée la pensée des écrivains et de lui sacrifier la liberté de la presse. La proposition en fut faite, très-amplement discutée, très-vivement appuyée par tous les prétendus littérateurs des conseils, un Chénier, un Louvet, un Dupuis, comme pour vérifier de plus en plus ce qui déja avoit été observé, qu'en général les philosophes et les gens de lettres, ou ceux du moins qui en prennent le nom si familleremeut, se sont déshonorés dans la révolution par leur servilité et leur bassesse. Je sais que la constitution et la justice, triompherent dans cette lutte, et c'est aussi la seule victoire éclatante qu'elles aient à revendiquer dans out le cours de cette orageuse session ; mais combien le directoire n'a-t-il pas été dédommagé de ce léger échec ?

Si l'excès du pouvoir finit par corrompre les hommes les plus sages, dans quelle fange de corruption devoient donc tomber des hommes déja profondément corrompus ! Aussi désormais n'aurions-nous qu'à dénombrer les attentats du directoire, si nous avions à rendre un compte exact de ses opérations. Un moment néanmoins il montra je ne sais qu'elles dispositions équivoques de se retirer vers la limite de ses pouvoirs ; il témoigna, par je ne sais quelles démonstrations hypocrites, qu'il n'étoit pas excessivement éloigné d'un rapprochement avec les hommes honnêtes de l'un et de l'autre conseil ; il fut permis de croire un jour ou deux, non pas qu'il alloit faire tout le bien remis à son pouvoir, car cela n'est pas de son essence, mais le moins de mal possible, ce qui étoit quelque chose. C'étoit la peur qui l'entraînoit à ces misérables simagrées ; la conspiration de Babeuf avoit été découverte par l'heureuse activité de ce ministre de la police, aujourd'hui sacrifié, comme de raison, par ceux qu'il a pris la peine de sauver. Jusque-là, le directoire exécutif avoit regardé les freres et amis, vulgairement appellés les jacobins, comme ses amis et ses freres; cette fâcheuse découverte lui apprit qu'il n'avoit pas d'ennemis plus acharnés que ces modernes *philanthropes*, objet de ses complaisances et de ses amours, et sur lesquelles il s'étoit plu à verser toutes ses faveurs. Mesurant avec effroi l'abyme que les enfans de Marat ont creusé sous ses pas, et qui ne se fermera que pour l'engloutir, il crut d'abord ne trouver de salut et d'asyle que dans l'assistance des gens de bien; revenu de sa frayeur, il oublia de vaines protestations, reprit son naturel qui le rend l'ennemi nécessaire de tout ce qui ne lui ressemble pas, et se borna tout au plus, soit à ne pas livrer aveuglément sa confiance aux jacobins, soit même à destituer ceux d'entr'eux qu'il soupçonnoit capables de s'en servir contre lui dans la suite. Le licentiement de la légion de police, la fusillade des misérables de Grenelle ont contribué à raffermir sa puissance.

Mais toute puissance n'existe plus que par l'argent; s'il est encore dans cette commotion générale, dont l'Europe est tourmentée, quelque gouvernement qui se soutienne par sa force morale, qui n'ait pas vu disparoître cette espece de magie qui couvrant l'autorité d'un voile respectable, fait de l'obéissance un devoir facile et doux; s'il en est dont la sagesse ait su garantir contre l'invasion du prosélytisme révolutionnaire, les traditions, les usages et les maximes qui lient les peuples à leurs administrateurs, il n'en est pas du moins pour qui l'argent ne soit le grand mobile, et qui ne soit continuellement occupé de ce probléme : trouver le plus d'argent possible avec le moins de résistance possible. La confiance et le crédit peuvent y suppléer à certains égards, et sans qu'il soit besoin de recourir à de nouveaux impôts, dans les Etats administrés avec quelque sagesse, les emprunts, les actions des compagnies, les opérations de banque y présentent des ressources suffisantes dans les occasions difficiles. En France, où il n'existe ni confiance, ni crédit; en France, où l'on n'obtient plus qu'avec de l'argent les mêmes services qui se payoient autrefois avec une toute autre monnoie, il faut toujours de l'argent et de l'argent comptant. Or, il n'est que trois moyens de s'en procurer, ou par des impôts, ou par des anticipations, ou par des ventes de domaines nationaux.

Ces divers expédiens n'ont pas été négligés par le directoire exécutif, et l'on peut dire ceci à sa gloire, que dès ses premiers essais, il s'est élevé à toute la hauteur de ses fonctions pour faire de l'argent. Il débuta magnifiquement, et comme il convenoit au gouvernement d'un grand peuple par requérir six-cents millions de valeur métallique, sous le titre d'*emprunt forcé*. Etant notoire qu'avec un si léger à compte il étoit hors d'état d'acheter des chevaux d'escadrons pour remonter la cavalerie, un message avertit l'un et l'autre conseil de mettre en réquisition le trentieme cheval; et tout cela fut octroyé sans difficulté, pour entretenir ce qu'on appelloit l'heureuse harmonie des pouvoirs.

Six-cents millions valeur métallique, dans un temps où le numéraire étoit disparu en partie, le commerce extérieur anéanti, la culture dégradée dans les départemens insurgés, tant et de si grandes richesses mobiliaires de tout genre dissipées par le tourbillon révolutionnaire. Ce n'étoit là cependant que pour étancher la premiere soif de ce gouvernement naissant. Bientôt on fut réduit à de nouveaux expédiens. Pour assurer le service qui n'alloit plus, on créa les mandats territoriaux avec la triple destination de rembourser les assignats, de payer les domaines nationaux à soumissionner, et d'acquitter tous les services. Le premier objet a été consommé : ainsi finirent les assignats ; cette invention d'un génie artificieux et profond, de laquelle ont découlé comme d'une source empoisonnée, presque toutes les calamités révolutionnaires ; cette monnoie artificielle avec laquelle le crime a payé le crime ; cet instrument de dommage avec lequel on a tout bouleversé, il fut le plus ferme appui du gouvernement de la terreur, et le gouvernement de la terreur en prolongea la durée. Quant au second objet, il n'a pas trop mal réussi ; les mandats, bientôt discrédités par le gouvernement, qui de son aveu, se fit joueur à la baisse, et devenu la proie du plus vil agiotage, ont servi à l'envahissement des domaines nationaux, de maniere que le prix des soumissions s'est réduit à peu-près à rien. Je laisse à ceux de mes collegues qui ont suivi de plus près les désordres de notre régime financier, le soin de révéler au grand jour les sombres et frauduleuses intrigues de nos directeurs dans ce trafic d'iniquités; de mettre en évidence les pactions criminelles que déja l'affaire des compagnies *Dijon* et *Fléchat* a fait assez clairement entrevoir. Ces diverses manœuvres ont été dénoncées avec les opérations des ministres des finances et de la marine, par l'honnête et courageux Gibert des Molieres; et s'il faut citer ici une autorité irrécusable pour les valets du directoire, j'ajoute que Dubois-Crancé lui-même s'est plaint une fois dans un comité général, de l'affectation avec laquelle le gouvernement s'étudioit à répandre une grande défaveur sur les mandats. Or, que par l'effet de ces combinaisons perfides, les rentiers et pensionnaires de l'Etat, les administrateurs et les juges, les défenseurs de la patrie, n'ayant reçu qu'un traitement illusoire; et que par une autre conséquence, toutes les transactions commerciales aient été bouleversées de nouveau, tous les créanciers sacrifiés encore à la mauvaise foi des débiteurs, qu'importe aux directeurs de la république Françoise? Ah! vraiment, il feroit beau voir dans un pays comme la France, des gouverneurs temporaires s'occuper sérieusement de l'intérêt public. Cela est fort bon dans un roman politique, une description de *l'Isle Heureuse*, un voyage atlantique, mais dans le monde *comme il va*, et prenant les hommes tels qu'ils sont, il faut que ces gouverneurs temporaires s'enyvrent à longs traits à la coupe du pouvoir qui va leur échapper, et se dépêchent d'assurer leur fortune. Or, ici d'une part, après avoir traité avec divers fournisseurs, le directoire s'embarrassoit assez peu du décroissement de la valeur dans laquelle ils seroient soldés, ou plutôt avoit un intérêt sensible à l'accélérer, puisqu'il s'attribuoit évidemment tous les profits de la baisse; d'un autre côté, même calcul et même profit pour le paiement des acquisitions nationales, auxquelles on peut bien soupçonner que ni les directeurs, ni leurs créatures n'ont pas été étrangers; à cet égard, les choses ont été poussées à tel excès, le brigandage s'est manifesté avec un tel éclat, que malgré toute la faveur réclamée pour les acquéreurs, un reste de pudeur fit décréter que le quart restant du prix des biens soumissionnés seroit acquitté en argent.

Dès ce moment les mandats ont disparu du commerce, après avoir servi à creuser la misere publique, et combler la scandaleuse fortune de tous les frippons ; dès ce moment, ils n'ont plus servi que pour l'acquit des contributions arriérées, et dans une proportion déterminée ; dès ce moment et pour l'avenir, les contributions n'ont plus été levées qu'en argent. Or, le recouvrement s'en est fait avec assez de régularité pour frapper d'étonnement, quant on compare à leur masse l'état de la France accablée de tous les fléaux que la Providence peut accumuler sur des hommes rassemblés. Si vous joignez à cela les réquisitions en denrées dont les départemens de l'Ouest, ceux du haut et bas Rhin ont été presque continuellement frappés ; les fruits des domaines nationaux, y compris les coupes des forêts, objet d'une énorme dilapidation ; les produits de la Belgique, cette mine si féconde exploitée avec une si prodigieuse activité ; les contributions des pays conquis ; la disposition d'une immense quantité de valeurs mobiliaires ; vous aurez une idée des ressources du gouvernement François ; et alors vous croirez facilement à cette affirmation, lancée à la tribune des anciens, et non encore contredite, que dans l'espace de vingt mois, plus de onze-cents millions ont été mis à sa disposition ; et alors vous vérifierez les plaintes de ce gouvernement tant débonnaire, qui n'a cessé de crier que le royalisme entravoit sa marche par une parcimonie combinée, soit pour l'empêcher de faire la guerre, soit pour l'empêcher de faire la paix ; car il n'a pas manqué d'alléguer ces motifs contradictoires ; et alors enfin, vous comprendrez pourquoi la journée du 18 fructidor. Mais n'anticipons pas sur ces événemens.

Ouvrage de la Convention Nationale, dont le caractere primitif n'a point été altéré par le changement des dénominations et des formes, vivifié par son souffle, objet de ses plus tendres complaisances, le directoire exécutif n'a point démenti son origine. On l'a vu dès ses premiers pas, annoncer ce qu'il devoit être. Hercule, au berceau, étouffoit des serpens; l'Alcide directorial les combla de caresses et s'en servit utilement. On l'a vu rechercher, employer tous les hommes tarés dans la révolution et distingués par des excès; déterrer jusques dans les hameaux le coquinisme obscur pour le porter aux honneurs du commissariat. Si les députés du nouveau tiers demandoient l'exclusion d'un mauvais sujet, à-coup-sûr il étoit nommé : s'ils s'intéressoient pour un citoyen honnête et capable, à-coup-sûr il étoit exclu. On l'a vu toujours fidele à son plan, opprimer les victimes, protéger les bourreaux, n'admettre à sa communion philanthropique que *des patriotes énergiques et purs*, régénérés par un baptême de sang; on l'a vu braver insolemment l'opinion publique, en destituant arbitrairement les administrateurs du peuple, pour mettre à leurs places ses créatures et ses valets. On l'a vu mettre hors la Constitution seize départemens de l'Ouest, sans même daigner rendre compte au Corps législatif, et déployer sur ces malheureux pays, toutes les horreurs du régime militaire; on l'a vu déchaîner sur les départemens du Midi, un Reverchon, un Fréron, et jouir tranquillement du désespoir de tous les citoyens opprimés par ces deux proconsuls, sans que ni les réclamations, ni les plaintes, ni les griefs, ni les preuves les plus authentiques l'aient distrait un instant; on l'a vu enfin, revêtir de toute sa puissance un être qui fait frémir, et dont le seul nom rappelle tous les forfaits, l'exécrable Santonax; et cet homme à peine échappé des liens d'une accusation qui le traînoit à l'échafaud, si les premiers accusateurs n'eussent été ses complices, est délégué de nouveau dans les Antilles, pour consommer l'extermination des blancs et des hommes de couleur. On l'a vu se jouer de la vie, de la liberté des citoyens, faire assassiner les uns, sous prétexte d'émigration, embastiller les autres à Saumur et je ne sais où, puis ravir des forçats à la chaîne pour les ranger sous les drapeaux de la patrie.

Juste Ciel! où sommes-nous? et quels sont donc ces hommes dont nous n'avons pas encore dit tous les attentats? A quel ordre de choses appartiennent-ils? quelle est leur nature? de quelle fange ont-ils été pétris? Je sais que Néron contemploit avec délices, du faîte de son palais, Rome incendiée de ses mains parricides; mais nulle part, dans aucun temps, les atrocités n'ont été l'allure habituelle de ceux qui gouvernent. Or, comment se fait-il que cinq hommes parvenus à l'administration d'un grand empire, et pour qui rien n'étoit si facile que de ratacher le peuple au régime constitutionnel, en se dirigeant sur les maximes communes, se soient au contraire étudiés à se rendre persévéramment odieux par cette suite d'outrages et d'attentats inutiles? Vous aurez une double clef de la conduite de ces gens-là, et dans leur caractere moral, et dans le projet de renverser cette constitution prônée avec tant d'emphase par eux et leurs adhérans, pour y substituer, n'importe sous quel titre, une autorité permanente. Hors de là, on ne pourroit expliquer que par un entier renversement d'esprit tout ce qu'ils ont osé.... ce qu'ils oseront encore.

Il est trop vrai néanmoins que la résistance et l'opposition entraînent quelquefois le pouvoir légitime par-delà ses limites;

mais il s'en faut de beaucoup qu'on ait à justifier par cette cause les excès du gouvernement directorial. C'est qu'en effet, dès qu'on l'a sérieusement voulu, ce gouffre de la Vendée, où trois cents mille François sont ensevelis, s'est fermé; tous les pays de l'Ouest ont été pacifiés; les troubles du Midi, fomentés par les envoyés du directoire, ont cessé par leur retraite. En général la France inclinoit au repos, et jamais le besoin de la paix ne fut plus vivement senti. Que si le gouvernement a pu concevoir, par intervalles, des inquiétudes réelles, et dû se garantir contre des attaques menaçantes, de quelle part est venu le danger, et quels sont ceux qui l'auront frappé d'épouvante? qui? ceux-là mêmes dont un instinct secret le rapprochera toujours, malgré les divisions apparentes; qu'il regarde comme ses auxiliaires, ses amis, sa véritable garde prétorienne, les nobles soutiens de la république; en un mot les anarchistes et les amnistiés. Je n'ai garde de parler ici de la prétendue conjuration *des matelas*, dont le directoire n'a pas manqué de faire une épouvantail. Il y a trop loin de ce rêve du royalisme aux batteries, déja toutes disposées, de Babeuf; d'une scene de confidence probablement arrangée par *Dunan et Malo*, à l'attaque du camp de Grenelle. Donc si les attaques, passagérement livrées au directoire, ne sont pas de nature à justifier l'horrible abus qu'il a fait de sa puissance, moins encore expliqueront-elles l'esprit dans lequel il en a si persévéramment abusé. Certes, l'immense majorité des François n'a rien de commun avec les sectaires de Robespierre et de Marat.

La nation toute entiere auroit applaudi à la juste répression de ces misérables, comme ces misérables ont toujours applaudi à la sacrilege audace avec laquelle ont été violés les droits de la nation toute entiere.

Si je jette un coup d'œil sur la conduite du directoire, dans ses rapports avec l'ordre législatif et judiciaire, j'observe que par lui ont été provoquées les loix les plus désastreuses, qui signalent la première session du corps législatif, par lui méprisées et violées les loix les plus tutélaires.

C'est à lui, c'est à sa maligne influence, qu'appartient cette loi léonine qui ravit aux

aux ascendans de l'émigré la portion qu'il auroit un jour à prétendre dans leur succession, en survivant à ses auteurs, et ses auteurs n'ayant point disposé de leur propriété; cette loi cruelle, atroce, immorale, et le complément de ce qu'on a jamais imaginé de plus subtilement affreux en matiere de confiscation; qui, au nom de ceux qu'on a tué fictivement, quand on n'a pu les assassiner matériellement, hérite présentement de tout ce dont ils pouvoient ne pas hériter un jour, et qui conséquemment, par la plus révoltante fiction, fait descendre la succession des vivans aux morts, pour s'emparer ensuite, au nom des morts, de la fortune des vivans.

C'est encore à lui, c'est d'après ses instances redoublées, que fut proposé, et par l'organe d'un prêtre apostat, (*Drulhe* est le nom de ce digne homme) le projet de révolution, tendant à faire revivre, et même je crois, avec plus de fureur, toutes les dispositions homicides contre les ecclésiastiques qui n'avoient pas sermenté la prétendue constitution civile du clergé; et sans qu'on voulût écouter un seul orateur, la résolution fut adoptée, mais rejettée au Conseil des anciens.

Dans l'ordre judiciaire, où réside pour les citoyens la seule garantie qui ne soit pas une chimère, on l'a vu intervertir les degrés de la justice, arracher une foule de citoyens à leurs juges naturels, pour les livrer à des commissions militaires, rompre l'autorité des jugemens du tribunal de cassation, et par cette mesure violente et tyrannique, à laquelle la majorité des cinq-cents n'eut pas honte d'acquiescer, apprendre à ceux qui feignoient de l'ignorer encore, ce que vaut en France une constitution acceptée par le peuple.

Ici se présente une question assez naturelle. En lisant l'histoire des attentats du directoire, on se croit transporté dans un autre siecle et dans un autre pays ; on transporte involontairement la scene près du Bosphore ou sur les bords du Volga. On se demande s'il est bien vrai que sur les rives de la Seine, au nom de la liberté et de l'égalité, chez une nation vive, généreuse, impatiente et sur-tout excessivement vaniteuse, chez un grand peuple, vainqueur de l'Europe, tant d'outrages et d'excès soient demeurés impunis? comment ce même peuple qui jadis éclatoit aux plus légers écarts d'une autorité tutélaire, se laisse maintenant fouler, insulter par cinq plats tyrans qui naguere n'étoient rien, et qui ne sont rien encore par eux-mêmes? Faut-il le dire? ce sont nos prospérités militaires qui font notre misere; notre ruine vient de nos victoires; nous nous ensevelissons dans nos triomphes. J'entends d'ici les clameurs de cette tourbe délirante qui diffame et calomnie aux gages du directoire. Ils vont me traiter de conspirateur, de traître, d'ennemi public qu'irrite l'éclat de nos victoires, et qui cherche à flétrir la gloire de nos freres d'armes. Cela sans doute est bientôt dit, les qualifications et les injures ne coûtent pas de grands efforts, cette logique est à la portée de tout le monde. Mais d'où vient que ces doux philanthropes, qui ne rêvent qu'au bonheur du genre humain et qui couvrent les Africains d'une si gracieuse bienveillance, d'où vient qu'ils prolongent si gaiement les calamités de la guerre, et qu'ils font impitoyablement verser des flots de sang humain! que veulent-ils? que prétendent-ils? l'honneur du nom François! ce nom est resplendissant de gloire. L'indépendance de la république? elle est reconnue. L'agrandissement du territoire? n'est-il pas déja trop étendu? Eh! d'ailleurs, que gagneront-ils jamais, en prolongeant la guerre, qui puisse être évalué au prix de ce qu'il reste encore de sang françois à verser? Ah! tout le mien bouillonne à cette horrible idée, que c'est pour asservir mon pays et réaliser enfin dans toute leur étendue les projets médités, que les tyrans ont éloigné la paix qui s'offroit, après avoir impudemment affirmé, les traîtres! que c'étoit nous, nous, seuls et vrais représentans de la nation, nous, ses mandataires fideles, et qui n'eussions jamais cru en avoir acheté trop chérement le bienfait, qui ne voulions pas qu'elle se fît.

Cependant tel est l'infaillible effet des guerres qui se prolongent, que le peuple qui se laisse trop facilement séduire par l'éclat de la gloire militaire, s'aveugle sur les anticipations continuelles de l'autorité, ou même incline à les excuser avec indulgence. Bientôt l'autorité peut tout oser, et ses attentats mêmes sont absous par la victoire.

Cela est vrai, sur-tout d'un gouvernement qui commence; encore plus vrai, d'un gouvernement isolé, excentrique, et séparant ses intérêts de ceux de la nation. D'un autre côté, l'expérience de tous les temps nous enseigne quel esprit se forme insensiblement dans les armées que la guerre éloigne de leur pays. L'obéissance militaire étant le premier devoir auquel sont subordonnés les habitudes et les penchans; le soldat ne tarde pas à ne plus voir la patrie que dans son camp, à ne plus connoître que le général sous lequel il a combattu ou ceux au nom desquels on lui commande; toutes les affections civiles et domestiques viennent se fondre dans un sentiment factice et je ne sais quel enthousiasme farouche qui s'allume au bruit des armes. Là finissent les gouvernemens modérés, et commence le pouvoir absolu. C'est en deux mots, l'histoire des républiques et des monarchies.

En temps de paix, l'esprit militaire a beaucoup moins d'intensité et d'énergie. Les soldats ne sont pas, quoiqu'on fasse, tellement séparés des autres citoyens, qu'ils ne participent aux usages de la vie civile et commune ; ils observent, ils écoutent ; ils prennent insensiblement la teinte dominante, et se laissent entraîner à l'allure générale que donnent les opinions et les mœurs. Je puis me tromper, mais il m'est extrêmement probable que sans la longue paix continentale dont la France a joui, la révolution n'eût pas éclaté, et qu'une guerre extérieure auroit du moins comprimé les causes qui l'ont produite. Je n'insiste un moment sur ces réflexions, qui exigeroient au reste des développemens plus étendus, que parce qu'elles expliquent et justifient à certains égards l'incroyable et servile patience avec laquelle la nation a tout souffert des êtres les plus dégradés. On peut juger, d'après cela, qui, en dernier lieu, du directoire ou des conseils, desiroient sincerement la paix ?

Aussi malgré tout l'appareil avec lequel il fit publier la nouvelle de la signature des préliminaires, et toutes les assurances qu'il donnoit d'une paix prochaine, je puis dire n'avoir pas rencontré d'homme sage, en position d'observer, qui ait cru à ses artificieuses protestations. Le moyen d'y croire en effet, lorsqu'en Italie, Buonaparte violoit les territoires, renversoit les gouvernemens, organisoit l'anarchie, insurgeoit les peuples, sous le nom de république? je ne suis plus assez novice pour demander si le droit de la guerre et des gens autorisoit ces violences; si dans les maximes et les usages des nations, la défense la plus légitime contre l'attaque la plus injuste entraîne la destruction du gouvernement et des loix d'un pays; je m'abstiens du trop inutile étalage de vieux principes et de maximes surannées qui n'ont plus de saison dans le nouveau monde politique; mais j'affirme avec vérité qu'on ne pouvoit pas mieux s'y prendre pour ajourner indéfinitivement la paix: et si les deux puissances belligérantes, l'Angleterre et l'Empereur, l'une, à cause de son commerce dans la Méditerranée, l'autre, à cause de ses possessions et du voisinage, ne souffriroient pas cette subversion de l'Italie, il est donc à-peu-près démontré que dans le temps même où l'on amusoit la crédulité populaire par de vaines espérances de paix, on prenoit les mesures les plus justes pour rendre la guerre inévitable.

Je crois important que l'on se pénetre

de cette idée, parce qu'elle est comme l'exposition des nouvelles intrigues qui vont se développer. Dès ici on doit pressentir qu'entre des pouvoirs rivaux et divisés de leur nature, sans qu'il existe un régulateur intermédiaire, à plus forte raison entre des pouvoirs composés d'élémens ennemis, il eut suffi peut-être de cette cause de discorde, indépendamment de tous autres principes de dissolution, pour amener une catastrophe; la puissance exécutive, desirant ardemment de prolonger la guerre, qui doubloit son énergie et ses moyens; la puissance législative, desirant ardemment la paix qui multiplioit ses moyens d'influence; l'une, armée de toute la force militaire intéressée à son agrandissement; l'autre, fortifiée de toute la force morale de l'opinion publique, intéressée à sa conservation.

Nous voilà près de cette époque fortunée du 1er. germinal, dévancée par les vœux et les espérances de la nation, parce que dans l'ordre social, comme dans l'ordre de la nature, elle promettoit une régénération vivifiante. Dix-huit mois avoient été traversés au milieu d'une agitation inquiette, mais au moins sans aucune de ces catastrophes terribles qui servent à compter les jours de la Convention. Cette nation généreuse et bonne, qui tient compte de tout le mal qu'on ne lui fait pas, apprécioit la résistance et les efforts du nouveau premier tiers. Il avoit donné des preuves de bonne volonté, quelquefois même de courage; c'en était assez, et l'indulgence nationale alloit peut-être jusqu'à exagérer ses foibles services. Que seroit-ce donc lorsqu'une représentation véritable commenceroit à se réaliser par l'admission d'un second tiers, remplaçant autant de conventionnels? Dès ce moment tout changeoit de face, une révolution bienfaisante s'opéroit, et on auroit à compter d'un nouvel ere. Déja l'impatience, si naturelle aux François, dévançoit les conquêtes de la justice. Que de loix odieuses abrogées! que de loix salutaires promulguées! les confiscations abolies, les propriétés efficacément garanties, protégées; la religion et les mœurs honorés par de sinceres hommages; le mariage et l'autorité paternelle rendus à leur dignité premiere; ces pasteurs vénérables, qui ont souffert avec une héroïque patience tous les maux dont on peut accabler la constance humaine, l'exil, la proscription, l'indigence, le délaissement ou les outrages, apparoissant au milieu des fideles, et pardonnant à leurs oppresseurs; un systême de finances mieux combiné avec le développement de l'industrie; le commerce encouragé, ou ce qui suffit, affranchi des vexations qui découragent; un régime équitable et doux, approprié aux Colonies, mais dégagé de toutes les visions de cette stupide philanthropie qui ne fut, le plus souvent parmi nous, que le masque du crime; au milieu de tout cela, la noble et fiere liberté ravivant les François, dédommageant tout ce peuple de ses longs et douloureux sacrifices..... Dieu puissant! à quoi tient donc la destinée des hommes sur la terre? Nous touchions à ce bonheur promis; déja il commençoit pour nous; et voilà que tout-à-coup il s'est évanoui comme un songe. Périssent par tá justice les méchans et les traîtres qui ont porté le feu dans ces riches et belles moissons!

Les assemblées primaires étoient formées; les électeurs nommés; à ce premier signal d'une restauration prochaine, la horde des assassins et des brigands se crut perdue. Elle avoit fait tout ce qui étoit en elle, épuisé tout son savoir et ses moyens, pour troubler le cours des élections. Menaces, injures, violences réelles, scissions, protestations, par-tout elle avoit mis en jeu les grands ressorts de sa tactique ordinaire. Mais déja les temps n'étoient plus les mêmes: tous les coups avoient porté à faux, et par-tout les honnêtes gens, forts de leur nombre, déconcerterent, par leur seule impassibilité, ces misérables escrimeurs.

Ce fut bien pis quand les députés eurent été nommés. Oh ! pour le coup, non-seulement le bataillon sacré, mais les chefs couronnés de cette noble phalange, mais les instituteurs qui l'ont formé par des leçons si philosophiques et si profitables, crurent entendre sonner la derniere heure; et en effet, à très-peu d'exceptions près, on n'avoit par-tout choisi que d'honnêtes gens, d'honnêtes gens dans toute l'acception du terme, de ceux-là que feu Louvet d'honorable mémoire, avoit fréquemment dénoncé dans son journal, comme une faction excessivement dangereuse; ce qui n'est pas à négliger pour son oraison funebre. Feu Louvet avoit raison; il n'est pas de faction plus redoutable pour les coquins, que ceux qui ne le sont pas, et quand ceux qui ne le sont pas ont de plus du talent et de la fermeté, il y a dequoi faire trembler tous les coquins du monde. Tels étoient en grande partie les nouveaux députés : les uns, déja connus dans la révolution par leur modération et leur sagesse; les autres, ignorés, et par cela même, peut-être plus éligibles encore; les uns et les autres cautionnés par toute une vie irréprochable.

La clique révolutionnaire avoit donc à lutter à-peu-près contre une représentation double, mais aussi combien cette inégalité numérique étoit rachetée par l'avantage de sa position? derriere elle étoit la majorité du directoire, disposant de la force armée, et prête à la soutenir.

Certes, elle ne s'est pas endormie. Devinant, aux premieres opérations du corps législatif, son esprit et son caractere, on a dès lors disposé tous les instrumens pour le dissoudre. Pichegru, Barbé-Marbois, élevés à la présidence de l'un et de l'autre conseil, sembloient dire aux armées, à la nation : Ici on sait honorer, et la vertu guerriere, s'alliant aux qualités sociales, et le véritable mérite, associé aux vertus civiles. Heureux présages qu'une législation pure et courageuse ne tarda pas à confirmer ! Mais pendant que le génie du bien travailloit à débrouiller le chaos révolutionnaire, à séparer la constitution de cet alliage informe qui l'enveloppoit encore, les machinateurs redoubloient d'activité et d'audace pour rompre nos efforts et ressaisir le pouvoir.

Je ne retrace point ici un journal des délibérations de l'un et de l'autre conseil, elles sont assez connues ; il est peu de résolutions qui n'aient irrité le triumvirat conspirateur, et ses dignes satellites ; mais celles contre lesquelles il a plus violemment éclaté et qui l'ont finalement entraîné aux derniers attentats, ce sont spécialement les loix où brille davantage l'esprit d'humanité et de justice : le rappel des fugitifs de Toulon, du Haut et bas Rhin, celui des prêtres déportés ; voilà, si vous y joignez la résolution qui lui enlevoit la direction des mouvemens de fonds pour l'attribuer à la trésorerie inspectée par la commission de surveillance, ce que le triumvirat n'a pu ni digérer ni supporter; et cela se conçoit aisément, pour peu qu'on soit initié dans les mysteres de la doctrine révolutionnaire. La spoliation des propriétés, la haine de la religion nationale, la proscription de ses ministres étant les points fondamentaux de cette doctrine infernale, comment ne pas abhorrer une législation bienfaisante qui séchoit tant de pleurs, cicatrisoit tant de plaies, rappelloit l'humanité et la justice trop longtemps exilées, rendoit aux malheureux des consolations, aux atteliers des artisans, à la culture des laboureurs, des hommes à leurs familles, des citoyens à l'Etat? de là, ces cris forcenés au royalisme, à la contre-révolution, à la complicité des émigrés, et toutes ces effroyables qualifications, qui maintenant font rire de pitié : certes, je ne ferai point cette injure à mes commettans, ni cet honneur à des misérables qui ont déposé tout sentiment de pudeur et d'humanité, de justifier dans les termes des loix marquées aux empreintes sacrées de la justice; mais je ne puis m'empêcher d'observer que lorsque fut prise, naguere, sur le rapport de Pastoret, la résolution qui rappelloit les descendans des anciens religionnaires fugitifs (lesquels ne sont point revenus) et les réintégroit dans leurs biens (restitués, Dieu sait comme) Personne ne réclama; rien n'étoit plus beau, plus philosophique, plus philanthropique. Pour peu de chose, les freres eussent décerné une couronne civique à ce M. Benjamin Constant, lequel avoit présenté la pétition délibérée, seulement pour faire un peu de bruit dans le monde, et garantir ses vastes acquisitions nationales. Et lorsqu'on étend le même bienfait à des infortunés pour qui c'étoit un devoir du premier ordre, aux déplorables victimes de la plus horrible persécution, toutes les tempêtes s'élancent à la fois de la caverne directoriale, et la persécution s'allume contre les représentans fideles !

Que sert cependant de faire des loix justes, si l'on ne prend en même temps les mesures nécessaires pour en garantir l'exécution ? A juger d'après les événemens passés, ce qui est la plus facile méthode et peut être aussi la moins mauvaise, je sais que l'on reprochera au corps législatif la timide circonspection avec laquelle, toujours retenu dans sa sphere, et proclamant avec une emphase si puérile son inviolable respect pour la constitution avec laquelle et pour laquelle il devoit périr, il abandonnoit à l'ennemi la direction de tous les moyens exécutifs. Je déclare souscrire pour mon compte à à ce reproche pris dans toute son étendue; je veux seulement observer que du moins dans le plan constitutionnel, le conseil des cinq-cents avoit fait ce qui étoit en lui pour neutraliser un principe mal-faisant et réduire son action. Ainsi, par exemple, il avoit pris cette résolution déja citée, pour enlever au directoire la négociation des mouvemens de fonds de la trésorerie aux départemens. De plus, il venoit de refondre l'organisation de la gendarmerie, mal composée de l'aveu des directeurs eux-mêmes. Enfin, par une grande et solemnelle réforme, il venoit de rappeller la garde nationale à sa premiere origine, et de mettre, pour ainsi dire la nation toute entiere entre lui et trois conspirateurs.

De

De ces trois résolutions, la premiere est celle qui portoit le coup le plus rude aux trois directeurs, en détachant de leurs mains rapaces le maniement des deniers publics : ils le sentirent, et firent tout au monde pour obtenir qu'elle fût rejetée par les anciens : ceci demande un mot d'explication.

Tous les gouvernemens du monde ne s'agitent et n'oppriment que pour ces deux choses : le pouvoir et l'argent. Le pouvoir, donne l'argent ; et l'argent conserve, agrandit le pouvoir. C'est le cercle vicieux ; or le moyen le plus efficace d'acquérir l'un et l'autre, est dans la guerre.

Le directoire exécutif a donc voulu fortement la guerre. Un instinct mal-faisant lui a dit qu'il vivroit par ce fléau, et ses conseillers l'auront facilement convaincu que son autorité ne s'affermiroit que par les malheurs publics inséparables de la guerre.

Or, suivant un rapport de Fermond, les dépenses ordinaires et extraordinaires s'élevoient à 1,100,000,000, tandis que les recettes de toute espece iroient à peine à 600,000,000 ; en s'obstinant à prolonger la guerre, il falloit donc aviser aux moyens de combler cet immense déficit.

Le directoire avoit obtenu l'emprunt forcé ; mais cette ressource fut bientôt épuisée.

Voici donc par quelle méthode il se procuroit des fonds au gré de ses besoins: il donnoit des assignations sur les payeurs des départemens, sur les receveurs des droits indirects, sur les percepteurs des revenus des forêts ; et ces bons, donnés sur desrevenus à écheoir, étoient délivrés par la trésorerie et par elle négociés, sur la simple autorisation du ministre des finances.

Mais on présume bien que les fournisseurs d'argent et de munitions, ne prenoient ces bons qu'à une perte énorme, comme le prix du retard qu'il falloit éprouver, et même du danger possible de ne rien toucher aux échéances ; d'autres bons ayant pu être délivrés pour les mêmes parties et pour les mêmes époques.

Cette perte retomboit toute entiere sur le gouvernement ; les preneurs ne manquoient jamais de les faire négocier de suite, et le plus souvent avec ceux même qui devoient en solder la valeur ; ceux-ci les achetoient à trente ou quarante pour cent de perte, et se liquidoient ainsi d'avance avec l'Etat.

Ce n'est pas tout. La république Batave s'étoit obligée à payer, dans un certain nombre d'années, 200 millions de florins. Elle fournit des lettres de change qui furent appellées *rescriptions Bataves*. Autre moyen d'agiotage pour le directoire, sous les ordres duquel la trésorerie les a négociés, à je ne sais combien de perte.

Les pays conquis ont été frappés par des contributions énormes, qu'on peut élever à plus de trois cents millions, et dont le directoire n'a jamais rendu compte; à l'exception de celles dont les généraux ont disposé pour leurs armées, tout a été dévoré par des anticipations, et les honteux profits de l'agiotage.

Enfin, il est malheureusement trop vrai que toutes les ressources funestes, tous les expédiens ruineux que peuvent imaginer la cupidité, la dissipation et la fraude, un gouvernement coupable les a précipitamment épuisées. Vente à vil prix des diamans et des meubles précieux, aliénation de partie des forêts et même des arbres bordant les grands-routes ; permission d'introduire des marchandises Angloises, malgré la loi qui les prohibe ; franchise des douanes ; adjudication à prix d'argent de toutes les fournitures de l'armée, et notamment des hôpitaux, successivement livrés pour quelques millions à deux compagnies qui n'avoient pas les premiers élémens de cette administration ; on ne finiroit pas, si l'on avoit à dénombrer toutes les extorsions et pirateries de ces brigands privilégiés.

Il falloit arrêter ce torrent dévastateur, qui entraînoit dans un gouffre ouvert toutes les richesses de la France.

La premiere opération devoit être d'enlever au directoire la dangereuse faculté de faire des négociations, c'est-à-dire, de vendre par anticipation et à vil prix les revenus, les créances et tous les droits utiles de la Nation ; sans néanmoins s'interdire absolument, jusqu'à la fin d'une guerre onéreuse, la ressource trop nécessaire de ces mêmes négociations, à cause de l'insuffisance démontrée des revenus ordinaires.

Le projet de Gilbert des Molieres étoit combiné dans cet esprit de sagesse et de prévoyance, en autorisant la trésorerie à faire les négociations utiles au service public, mais hors la dépendance du directoire; et par là, déja placée sous la surveillance des commissaires du corps législatif, elle ne pouvoit plus faire d'opérations folles et désastreuses, sans compromettre sérieusement sa responsabilité; au lieu que jusques ici, errant à l'aventure sur les directeurs, le ministre des finances, les commissaires de la trésorerie et tous les agens intermédiaires ou subalternes, cette responsabilité n'avoit été qu'un vain mot.

J'ai cru devoir entrer dans ces détails, et parce qu'ils étoient nécessaires à l'intelligence d'un projet qui a causé une assez vive sensation, et parce qu'ils répandent un jour utile sur les événemens qui ont suivi. Je n'ajouterai plus qu'un mot. Une loi spéciale autorisoit le minitre des finances à régler l'ordre de paiement des ordonnances de tous les ministres, à raison de leur urgence; de là un commerce scandaleux de faveurs et de préférences pour le plus offrant et dernier enchérisseur; et comme il faut en derniere analyse que tous profits d'un commerce illicite retombent en perte réelle sur la Nation qui paye, on avoit jugé convenable de prohiber celui-ci par une disposition du projet.

Après une vive et longue discussion, malgré l'opposition des orateurs de la Montagne, le projet avoit été adopté au conseil des cinq-cents. A ce premier signal d'un retour si desiré vers l'ordre et la regle, le directoire (1) se vit perdu. Que deviendroit-il donc s'il ne disposoit plus à son gré des tristes restes de la fortune publique ? s'il laissoit échapper de ses mains tous les moyens de s'enrichir et de corrompre ? de soudoyer cette multitude de frippons, d'écrivains, d'intriguans de toutes les couleurs, qui vivent largement des bénéfices de son glorieux patronage ; et qu'enfin réduit de traiter de la paix à d'honorables conditions, et telle quelle est dans les vœux du peuple François, par conséquent, à licencier une partie de l'armée ; il fut par cela même repoussé dans le cercle de ses devoirs, et réduit désormais à gouverner avec les seuls moyens de la

(1) Je n'ai pas besoin, je crois, d'avertir qu'en parlant du directoire, j'excepte toujours le respectable Barthelemi, et même si l'on veut, le résipiscent Carnot.

constitution ? Le triumvirat n'a pu pardonner cette conjuration mortelle tramée contre lui au conseil des cinq-cents ; et dès ce moment, il a juré la dissolution du corps législatif. Pour y réussir, il a tour-à-tour employé la perfidie et la violence.

Il s'agissoit d'abord de faire rejeter la résolution au conseil des anciens, et pour cela l'on n'a rien épargné. Une négociation s'est ouverte avec les membres influens de ce conseil. Il n'est pas d'hypocrites démonstrations, de bassesses et de mensonges qui n'aient été mis en avant ; et quoiqu'on dût être assez prémuni contre ces artifices par la franche et loyale confession de Gilbert des Molieres, quand il avoit révélé comment les mêmes hommes étoient parvenus à escroquer cent millions, en jurant qu'à ce prix la paix étoit faite, que sans cette avance la paix été manquée, ce fut encore la même scene avec le même dénouement. Les directeurs avoient promis, si la résolution étoit rejetée, de renvoyer deux ministres odieux pour les remplacer par des citoyens irréprochables. La résolution fut rejetée, et non-seulement les deux ministres ne furent pas renvoyés ;

mais eux seuls furent conservés en place et tous les autres congédiés. Je déclare ici, que mon intention n'est pas d'élever le plus léger nuage sur l'intégrité de ceux des députés de l'autre conseil qui ont cru pouvoir traiter avec des hommes sans honneur et sans foi. Avant de les censurer trop légérement, il faut se mettre à leur place, calculer toutes les chances que donnoient les positions respectives, et se demander si dans les conjonctures l'intérêt de la patrie ne paroissoit pas exiger, à certains égards, le sacrifice d'une résolution juste pour sauver un éclat terrible. Il faut encore les estimer et les plaindre, mais on aura longtemps à gémir des suites de leur excessive confiance.

C'est alors, que fier de cette premiere victoire, le triumvirat s'est affermi dans ses affreux projets, qu'il a levé l'étendard de la révolte et marché à grandes journées vers la destruction du corps législatif.

A sa voix, tous les chefs des amnistiés et des bandits sont accourus des départemens à Paris.

Par ses ordres, des journalistes infames ont redoublé de calomnie et d'audace.

Par ses ordres, des placards diffamateurs ont été composés chaque jour, et chaque jour affichés sur les murs de Paris; par-tout ont retenti les plus impudens libelles.

Par ses ordres, se multiplioient de nouveaux clubs, sous la dénomination de cercles constitutionnels.

Par ses ordres, des armées qui jusques-là n'avoient su que vaincre, ont appris à calomnier; il a fait répandre avec profusion d'insolentes adresses, où le corps législatif étoit insulté, menacé.

Par ses ordres, douze mille hommes sont détachés de l'armée de Sambre et Meuse, et déja ils ont franchi l'enceinte sacrée que la constitution a tracée autour du corps législatif. Hoche est à Paris.

Trois comités secrets dirigeoient toutes ces manœuvres; l'un, chez le ministre de la justice, Merlin, où s'assembloient Treilhard, Villetard, Vilers, Jean de Brie, la Marque; l'autre, chez Barras, composé des officiers de l'état-major, et du ministre de la police Sotin; le troisieme, chez cette femme-furie, dont on est sûr de retrouver l'odieux nom à toutes les époques désastreuses de la révolution ; chez la Staël, où présidoient tour-à-tour Benjamin Constant, et le très-respectable Taleyrand.

Que faisoit alors le corps législatif? Pendant que l'armée marchoit sur lui au pas de charge, il délibéroit en forme ; il cherchoit la constitution et ne la trouvoit plus. Un message fut adressé au directoire pour qu'il eût à rendre compte, séance tenante de la marche des troupes sur Paris dans le rayon constitutionnel. Le directeur répondit : qu'à la vérité, il avoit donné des ordres pour qu'une division de l'armée de Sambre et Meuse se portât sur Brest ; mais qu'il ignoroit comment s'étoit opéré ce mouvement sur Paris ; que cela provenoit sans doute de quelque méprise du commissaire des guerres ; qu'il alloit prendre à cet égard tous les renseignemens nécessaires, et faire punir les coupables, s'il s'en trouvoit. Il expliqua dans un message subséquent comme quoi douze mille hommes, ou tout au moins leurs chefs, s'étoient trompés fort innocemment dans leur route, en prenant le Sud pour le Nord ; et cela encore par une méprise sans conséquence.

d'un commissaire des guerres sur les distances constitutionnelles. Il n'étoit que trop facile de confondre ces misérables suppositions ; plus nécessaire encore d'en punir les auteurs. La commission dont Pichegru fut l'organe, à la suite d'un rapport qui montroit le crime dans toute sa nudité ; ne proposa que des mesures insignifiantes, comme par exemple, d'élever sur les routes aboutissantes à Paris, des pôteaux indicatifs du rayon constitutionnel. En vérité, autant valoit se faire un rempart de toiles d'araignée contre des boulets rouges.

Au sujet des adresses menaçantes de cette force armée qui réclamoit fierement la constitution en la violant, le triumvirat ne garda plus de mesures dans son message en réponse à celui du conseil. Il étoit là dans sa cause, c'est son propre ouvrage qu'il défendoit. Il renchérit donc sur toutes les injures extravagantes dont elles sont tissues. Digne écho de Poultier et de ses pareils, il parla des patriotes opprimés, des acquéreurs des domaines nationaux persécutés, et nous accusa de machiner la contre-révolution au moyen des émigrés, des prêtres et des cloches.

Cette insolente et ridicule diatribe, fut dans l'un et l'autre conseil renvoyée suivant l'usage à une commission : il étoit plus que temps de démasquer les traîtres ; de dérouler aux yeux de la France la trame de leurs attentats ; de les accuser par les formes légales ou de les prévenir par une attaque de vive force. Rien de tout cela ne s'est fait, et rien de tout cela peut être, n'étoit faisable d'après la composition du corps législatif, et les élémens discordans de chacun des conseils. Après avoir consumé un temps précieux à entendre des rapports très oratoires et très-insignifians, à discuter un projet qui ne signifioit pas davantage, le 18 fructidor est venu : il est venu ce jour à jamais désastreux pour combler les espérances du crime et l'enhardir à de nouveaux attentats.

La veille, il sembloit qu'un pressentiment secret avertit des malheurs dont on alloit être frappé. Presque tous les complices du triumvirat étoient absens, occupés sans doute à recevoir et distribuer les consignes du lendemain, et préparer *les motions d'ordre*. La séance, très-peu nombreuse, présentoit je ne sais quoi de sombre et de morne : on n'osoit ni s'interroger, ni se répondre ; on savoit assez pour craindre et trop peu pour oser par une résolution hardie. Je ne crois pas qu'il soit d'impression plus funeste pour une assemblée que l'inquiétude. La présence et la certitude du danger exaltent le courage, et raniment les forces pour le soutenir ; comme ces douleurs aiguës qui impriment un mouvement rapide aux esprits, et laissent plus de ressources qu'un mal de langueur : mais un pressentiment confus de je ne sais quel grand malheur, abat, décourage, et ne donne point de prise aux sentimens généreux. Vers la fin de la séance, le président fut secretement averti de la prolonger encore, parce que dans un moment la permanence seroit proposée à celui des anciens. On ne tarda pas d'apprendre qu'ils n'étoient plus en séance ; la notre fut levée ; ainsi finit la derniere séance du corps législatif.

Dès lors tout étoit disposé pour le coup à frapper le lendemain au lever du jour. Versailles étoit le lieu du rendez-vous désigné pour la réunion des troupes cantonnées à l'entour de Paris. Un coup de canon tiré de Versailles, répondu de Sevres, puis de Paris, avertiroient que les bataillons commandés étoient parvenus et rassemblés à leur destination premiere. A huit heures du soir, ce triple signal fut exécuté. Les mêmes troupes devoient filer dans la nuit pour aller occuper les Champs-Elysées; et dès qu'elles auroient gagné ce poste, un coup de canon seroit tiré de l'autre rive de la Seine; à ce signal, Augereau, mandé de l'armée d'Italie pour cette brillante expédition, se mettroit en marche à la tête de deux bataillons, d'un escadron et de quatre pieces d'artillerie, pour assiéger l'enceinte déserte des deux conseils, et enlever les inspecteurs. Tout cela s'exécuta avec précision. A quatre heures du matin, Augereau étoit aux grilles du jardin des Thuileries. Nos braves grenadiers capitulerent honorablement; et dès la premiere sommation, sans avoir brulé une amorce, ils s'empresserent d'ouvrir les portes et de livrer leur commandant. Le général Pichegru, l'intrépide Villot, furent surpris sans défense, dans la chambre des inspecteurs; le général repoussant les misérables qui osoient porter la main sur lui, fut indignement traîné par ces mêmes soldats qu'il avoit peut-être mené plus d'une fois à la victoire..... O Pichegru ! homme grand et modeste ! ce n'est point à ma foible plume de consacrer ta gloire et tes malheurs. Un jour, n'en doute pas, le génie des arts vivifiera le marbre et la toile pour représenter le vainqueur de Clairfayt et le conquérant de la Hollande, livré par la fortune à ce vil aga de janissaires, le stupide et grossier Augereau, violemment arraché d'un asyle inviolable par des soldats ivres et furieux. Va, console-toi ; de grands talens et de grands services, quelquefois oubliés dans les monarchies, furent toujours persécutés dans les républiques ; c'est le sort des choses humaines, et quoiqu'il t'arrive, tu auras toujours assez vécu pour ta gloire. Fasse pourtant le juste Ciel que nos homicides ennemis soient trompés dans leur fureur !

Toute la force armée venoit de se déployer avec un appareil menaçant. Les avenues des Thuileries étoient gardées par des postes ; les places publiques, les quais, les ponts, hérissés de canons et de soldats. De l'autre côté de Paris, le fauxbourg

S. Germain étoit un vrai camp; et le palais du Luxembourg, où déja ne siégeoient plus deux directeurs, l'un arrêté, l'autre évadé, où vraisemblablement trois scélérats tremblans, s'étonnoient de leur crime, offroit l'aspect d'une citadelle fortifiée. D'immenses placards affichés durant la nuit, et dont la seule impression avoit dû consumer plusieurs jours d'avance, développoient toute l'histoire de la *grande conspiration.* Enfin, peignez-vous les soldats dans l'ivresse, les jacobins dans la joie, le peuple dans la consternation, et vous aurez une idée de la situation de Paris.

Cependant, alors que les députés complices du triumvirat, à eux joints quelques *ventrus*, s'étoient réunis, les uns à *l'Odéon*, pour y figurer un conseil des cinq cents, les autres à l'école de santé, pour y feindre un conseil des anciens; déja quelques représentans fideles étoient parvenus à se rassembler au lieu ordinaire des séances. Ils n'y furent pas longtemps. Un bataillon armé pénétra dans cette enceinte et les en chassa avec violence. Alors ils se réunirent chez un de leurs collegues, d'autres s'y rendirent successivement. Plusieurs

membres

membres du conseil des anciens étoient en même temps rassemblés chez Dupont de Némours. Il fut mis en délibération parmi nous, sous la présidence de Pastoret, s'il convenoit de nous rendre à *l'Odéon*? Cette proposition fut rejettée par des considérations assez imposantes, et dont la principale étoit, que par cette démarche nous allions donner une apparence de consentement à tout ce qui s'étoit fait, et reconnoître une représentation nationale là où nous ne pouvions voir qu'un ramas de factieux et d'esclaves. Je me rangeai à cet avis; aujourd'hui, après y avoir bien réfléchi, je crois que ce parti, auquel nous renonçâmes, étoit pourtant le seul qui menât à quelque résultat utile : je crois que la subite intervention de quatre-vingts députés honnêtes, courageux, parmi lesquels se trouvoient les orateurs familiarisés avec la tribune, eût déconcerté les machinateurs, enhardi les foibles, et renversé peut-être toute cette infernale machination. Peut-être aussi ce dernier effort de notre part n'eût il abouti qu'à provoquer les derniers attentats. Quoiqu'il en soit, nous crûmes mieux faire de nous présenter au lieu de nos séances, afin, si nous parvenions à y pénétrer, de consigner dans une délibération publique les derniers soupirs de la liberté mourante; ou si nous en étions repoussés par la force armée, de constater par cette démarche solemnelle, la derniere des violences. Nous voilà donc en marche, au nombre d'environ quatre-vingts, ayant le président à notre tête. Nous franchissons, sans obstacles, les premieres sentinelles; arrivés à la porte de la grande cour, nous sommes arrêtés, on parlemente. Sur ces entrefaites, deux officiers supérieurs accourent, on les somme jusques à trois fois, au nom du peuple, dont nous sommes les représentans, de nous ouvrir le passage au lieu des séances du conseil; alors, pour toute réponse, l'un des commandans (j'ignore son nom) fait prendre carriere à un détachement de cavalerie, et puis fondre sur nous la pointe haute. Trois fois cette manœuvre est répétée; trois fois des magistrats du peuple, désarmés, ont été chargés par cette cavalerie.

Nous nous sommes retirés à pas lents, en invoquant la vengeance de nos départemens.

Dans le même temps, les anciens se présentent aux portes de leur salle, ayant à leur tête le vénérable Marmontel; ils ne risquerent pas d'être foulés sous les pieds des chevaux, mais ils le furent sous les outrages des officiers qui commandoient.

Nous nous sommes alors retirés chez un de nos collegues, pour aviser au parti que nous avions à prendre. Il est trop vrai qu'il n'existoit plus de représentation nationale, plus de constitution, ou si l'on veut, plus d'apparence de constitution; car sans examiner trop séverement l'innocente théorie baptisée de ce nom, on ne peut nier au moins qu'elle n'a jamais été fidellement exécutée; et dès lors il n'est pas de mesures extrêmes que la justice n'autorisât: mais nous étions réduits à des moyens trop insuffisans, et comme dans ces sortes de crises, c'est toujours l'événement qui accuse ou justifie, à coup-sûr nous eussions été condamnés par l'événement. Au reste je ne puis, ni ne dois consigner rien ici des propositions diverses qui furent faites et discutées dans cette réunion.

Cependant que faisoient alors à l'Odéon, à l'Ecole de Santé, tous ces députés qui s'y étoient rassemblés aux ordres du triumvirat ? La servitude et la bassesse y répondoient avec une humble soumission aux commandemens de la fureur ; car là, comme par-tout ailleurs, à l'exception de quelques chefs, le reste n'étoit qu'un troupeau obéissant. Jamais ces tristes restes des parlemens anglois, justement flétris sous les burlesques dénominations de *Rump*t et de *Barebones*, n'ont présenté une image aussi révoltante. Figurez-vous quelques députés tremblans au milieu de soldats ivres, de jacobins furieux, tous confondus péle et mêle, délibérant sans examen, à la voix de quelques chefs tous fiers de leur infamie, et proclament encore la liberté qui n'étoit plus : et comme on vit autrefois à Rome un sénat avili, décerner des actions de graces à Néron, assassin de sa mere, ainsi, et plus ignobles encore, les restes mutilés des deux conseils s'empresserent de couronner le triumvirat parricide, et proclamerent Barras, sauveur de la patrie. Déja toute la fureur révolutionnaire se rallume, et le signal est donné pour une persécution nouvelle. Cinquante-deux députés, deux directeurs, des généraux, d'anciens ministres, des journalistes, sont les premieres victimes; et tout à coup elle s'étend à des milliers de François. Tous ceux dont les noms ont été inscrits sur la liste des émigrés, quoique ayant obtenus leur radiation provisoire, ont ordre de sortir de France dans quinze jours, sous peine d'être fusillés dans vingt-quatre heures. Bientôt le séquestre sera rétabli sur leurs propriétés. Bientôt les arrêtés définitifs seront mis en question. (1) Les élections du peuple sont cassées dans plus de cinquante départemens, qui demeurent sans être représentés, avec privilege au directoire de nommer à toutes les places vacantes; toutes les loix justes et bienfaisantes rapportées; les malheureux ecclésiastiques sacrifiés aux implacables triumvirs; la loi du 3 brumaire renouvellée dans toutes ses dispositions; la liberté de la presse sacrifiée à la police : tout cela proposé par l'organe d'un prêtre apostat, (2) et de suite

(1) Effectivement cela n'a pas manqué d'arriver, mais cela s'est fait de l'autorité du directoire.

(2) Vilers. Ce plat coquin disoit à quelqu'un : Il ne faut pas que les déportés nous en veulent, nous n'avons fait que copier les listes dressées par le directoire.

adopté sans discussion, sans examen, sans réclamation quelconque, sans qu'une plainte, un soupir ayent été entendus.

On croiroit peut être que le conseil des cinq-cents, réduit à cent au plus, dans cette séance fameuse, en avoit assez fait au gré du directoire, que c'étoit au moins passablement de besogne pour un jour. Point du tout; il reçut le lendemain une forte mercuriale de ses très-honorés maîtres, pour lui apprendre à se dépêcher un peu plus vîte, et à ne pas s'amuser à *délibérer* quand il falloit *agir*. On lui reprochoit de *dormir* pendant que le *crime veilloit*, et pour agraver l'insulte par une ironie sanglante, on s'indignoit de *l'intérêt que plusieurs représentans du peuple avoient osé manifester dans leur enceinte pour les conspirateurs*. Ce sont les propres termes du message. J'en suis vraiment fâché pour les citoyens collegues, mais la plaisanterie, quoiqu'un peu dure, n'est pas trop mauvaise; il faut toujours que justice se fasse, et c'en est une de traiter avec ce mépris les hommes qui se rendent excessivement méprisables. (1)

---

(1) Nos patriotes énergiques et purs, demeureront un peu

Je n'ai pas le courage de poursuivre. Tant d'ignominie et de bassesse attestent jusques où peut descendre la nature humaine dégradée. Certes, le tableau de la servitude est toujours repoussant; mais ce qui souleve, est ce mélange de servitude et d'hypocrisie; c'est de voir des esclaves à la chaîne parodier le langage de la liberté et se couronner du chapeau de fleurs. Insensés, qui ne savent ni vivre en esclaves ni mourir en hommes libres!

Toujours semblable à lui-même, toujours fidele à son plan de calomnier ceux qu'il assassine et dont il hérite, de supposer des complots quand il met les siens à découvert, et qu'il étonne par ses attentats, le génie révolutionnaire ne s'est point démenti dans la conspiration du 18 fructidor. Je ne sais si, malgré tout ce qu'on a vu dans le cours de la révolution, il ne faut point admirer encore la rare impudence avec laquelle le triumvirat a osé reproduire

---

confus, pas un n'osa souffler; mais le gros Bailleul, homme puissant en paroles et l'un de ces grands talens que la révolution a fait découvrir, parla éloquemment du milliard promis aux défenseurs de la patrie, puis il proposa de rapporter la loi qui rend les biens des ascendans des émigrés.

ces absurdes griefs qui, s'ils n'étoient pas dépourvus de vérité, tomberoient d'à-plomb sur le gouvernement lui-même chargé de l'exécution des loix, mais qu'il n'a pas laissé de toujours mettre en avant, comme l'invincible preuve d'un vaste plan de conspiration; les patriotes opprimés, les émigrés protégés, les acquéreurs des biens nationaux dépossédés, assassinés; et puis la dépravation de l'esprit public, les institutions républicaines calomniées, et, chose déplorable! jusques aux fêtes décadaires qui sont par-tout délaissées. Tout cela n'est encore que comme le prélude ou les moyens sécondaires de cette vaste conspiration dont les trois directeurs vont tout-à-l'heure vous développer les terribles mysteres. Or, la preuve en est écrite dans la correspondance de d'Antraigues, dans la déclaration de Duvergne-de-Presle, enfin, dans les aveux prématurés d'un orateur des cinq-cents.

J'admets pour un moment la preuve que l'on prétend faire résulter de ces écrits étrangers, dont rien jusqu'ici ne garantit ni l'authenticité ni l'existence. Que s'en suit-il? Si Pichegru projettoit, il y a deux ans, de marcher avec son armée sur Paris, et de rétablir la monarchie, les voies légales étoient ouvertes pour le dénoncer et l'accuser. C'est en 1795, époque à laquelle il n'existoit ni constitution ni gouvernement, qu'on suppose que ce général, préférant une royauté constitutionnelle aux fureurs de l'anarchie, méditoit de relever le trône par la force des armes; et c'est pour cela qu'au mois de septembre 1797, on va dissoudre la représentation nationale, casser des élections légalement faites, et renverser la constitution sur sa base! Il faut toute l'impudence des trois directeurs pour afficher de tels prétextes. Et ce misérable prétexte est pourtant celui dont on a fait le plus de bruit; car encore bien que dans les dernieres élections, les citoyens amis de l'ordre, et spécialement les propriétaires, se soient concertés pour diriger leurs choix sur des hommes honnêtes et capables; qu'ils soient même parvenus à former une société permanente, dont l'esprit et les maximes puissent au moins balancer le génie destructeur de l'anarchie, on ne voit pas trop comment pouvoir donner à des choses aussi naturelles les couleurs d'une conspiration ; tandis que par-tout on a suscité la résurrection des clubs, sous le nom de cercles constitutionnels ; que par-tout les jacobins ont fomenté des troubles et tramé des complots pour s'assurer des suffrages, et que, dans plusieurs départemens, ils se sont distingués à leur maniere, par des excès et des meurtres.

Il faut, ou ne pas vouloir d'élections, et par conséquent mettre la constitution en pieces, ce qui n'est plus à faire, ou consentir à ce qui est dans la nature, et des choses et des hommes ; c'est-à-dire à l'inévitable action de l'esprit de parti dans toute nomination populaire.

Je prends donc pour constans les prétendus griefs des trois directeurs, et dont l'un me paroît hors de toute vraisemblance, savoir : que le général Pichegru, cet esprit méthodique et sage, ait rêvé, il y a deux ans, d'opérer, à lui seul, une contre-révolution ; dont l'autre me semble appartenir d'assez près à l'ordre des probabitités, savoir : que la classe infiniment nombreuse des citoyens honnêtes a dominé les élections ; je prends, dis-je ces faits pour constans, et je demande ce qu'ils auroient de commun avec les énormes attentats du 18 fructidor ?

Je vais plus loin, et je suppose la plus horrible conspiration invinciblement démontrée ; je veux qu'un corps de délit bien flagrant ait attesté à l'univers un complot infernal, comme ceux de Catilina, de Marat et de Babeuf. Eh bien, qu'eût fait alors un autre directoire ? précisément ce que le nôtre a fait dans l'affaire de Babeuf, où le représentant Drouet étoit impliqué. Aux termes de la constitution, il eût décerné des mandats d'arrêt contre les principaux conspirateurs, pour les renvoyer devant l'officier de police ; et s'il avoit pu saisir des députés en flagrant délit, tant mieux ; la constitution étoit satisfaite et vengée. Mais alors il n'eût pas manqué d'en référer par une dénonciation aux corps législatif, et celui-ci eût procédé, par les formes constitutionnelles, à la mise en accusation des députés conspirateurs.

On n'a pas manqué de suivre cette marche pour Drouet. Tout l'appareil des formes légales s'est déployé en sa faveur. A cause de lui, Babeuf et ses complices ont été renvoyés par-devant la Haute-Cour de justice. Tous les moyens de la défense naturelle leur ont été permis, et cela devoit être ; ils en ont plusieurs fois abusé, et ce n'est pas un grand malheur. Le débat s'est prolongé plusieurs mois.

Et nous, on nous déporte, à notre insu, sans nous appeler, sans nous entendre !....

Que penser d'un accusateur qui n'ose même pas soutenir les regards de ceux qu'il accuse ? Est-il un être au monde, qui ne se soit dit : si ces hommes étoient des conspirateurs, on n'eût pàs violé la loi pour les proscrire ; mais on les eût puni, en vengeant la loi.

Celui qui commence par violer la loi naturelle, qui ne permet pas de condamner sans entendre, ne mérite pas d'en être cru, quand il accuse d'avoir violé une loi positive.

Ah ! si un seul d'entre nous eût véritablement conspiré, avec quelle joie, quel épanouissement de cœur, ils l'auroient bien légalement, bien constitutionnellement dénoncé, poursuivi, convaincu, ces braves et fideles collegues qui, sur un ordre des trois directeurs, nous déportent à Madagascar ! Autant ils avoient le cœur serré de l'étourderie de ce Drouet, qui vouloit seulement égorger une moitié de la France, *pour le bonheur commun* de l'autre moitié, autant ils auroient triomphé de cette belle et riche découverte. Mon Dieu ! quel fracas ils auroient fait ! Comme cela eût sonné à la tribune, dans toutes motions d'ordre, et servi d'argument *ad hominem* dans toute discussion ! Comme tous les échos de la Montagne eussent continuellement répété que *Psaphon* étoit conspirateur ! Pour qui connoît la dextérité de ces joueurs révolutionnaires, à ne jamais manquer le plus petit avantage qu'on leur donne, il y a démonstration morale que ceux qui disent que nous avons conspiré en ont menti.

Enfin je le répete, s'il existoit une conspiration, il falloit, au lieu de se borner à produire, je ne sais quels misérables écrits fabriqués dans les ténebres, en confondre publiquement et contradictoirement les auteurs. Au lieu de les frapper par derriere, il falloit oser du moins les regarder en face et les entendre. La constitution avoient prévu les atteintes qui pourroient lui être portées; elle avoit déterminé respectivement aux représentans du peuple, l'instruction à suivre pour ce genre de délits. Sommes-nous représentans du peuple? les formes ont-elles été observées? Voilà la question. Ils vous diront qu'il s'agissoit d'une conspiration si vaste, que la constitution étoit en danger. Répondez-leur premierement qu'ils en ont menti. En second lieu, qu'il n'est point de conspiration possible qui ne mette la constitution en danger. En troisieme lieu, que c'est une singuliere recette pour sauver la constitution en danger, que de commencer par l'anéantir. Mais telle a été jusqu'ici la méthode de nos bienfaisans instituteurs. Ce sont d'habiles médecins qui, pour guérir le mal, tuent le malade; d'ingénieux architectes, qui démolissent la maison pour la réparer; d'excellens économes, qui mettent le feu à la moisson pour la conserver.

Si jusques dans le roman des trois imposteurs, il n'a point existé de conspiration; si telle est cette accusation absurde qu'elle soit premierement démentie par les accusateurs eux-mêmes, et qu'en admettant aveuglément tous les faits supposés, on soit encore réduit à chercher les traces d'une conjuration quelconque, que dirons-nous enfin des preuves *écrites* du grand complot? de ces pieces justificatives qu'on a si impudemment produites aux yeux de la nation, et qui seront un monument éternel ou de la stupidité ou de l'impudence des dénonciateurs? de ces pieces sur l'authenticité desquelles il n'est pas un tribunal au monde, où l'on fût condamné à payer un petit écu?

D'abord nous sommes fondés à requérir la représentation des pieces originales; car si la faction dominante dans l'un et l'autre conseil, n'en eût pas besoin pour nous condamner, nous en avons besoin, nous, pour achever de confondre la calomnie et l'infame prévarication de nos accusateurs.

La premiere piece est attribuée à M. d'Antraigues. C'est un soliloque de l'ex-constituant qui se rend compte d'un entretien avec M. de Montgaillard, et dans lequel celui-ci a du raconter à l'autre, comme quoi, sans connoître Pichegru, et sans autre négociation préliminaire avec ce général, il a député vers lui un inconnu, citoyen de Neuchatel, pour lui faire tout d'abord une petite ouverture, on ne peut plus simple, s'agissant seulement d'opérer la contre-révolution.

Sur cela, deux mots d'observation:

1°. Quand il seroit vrai qu'un émissaire d'un M. Montgaillard auroit eu, suivant la narration de M. d'Antraigues, une conversation avec le général Pichegru, au mois d'août 1795, je ne vois pas en cela de raison suffisante pour nous déporter, nous, à Madagascar, au mois de septembre 1797, au nombre de cinquante-deux représentans. On peut défier à cet égard tout l'esprit des *Lauberdamont*, législateurs de l'un et de l'autre conseil.

2°. Je suppose légalement vérifiée l'écriture de M. d'Antraigues; mais alors qu'elle chaîne à parcourir pour arriver au triumvirat dénonciateur, jusqu'au général Pichegru dénoncé; voilà bien trois personnes intermédiaires, d'Antraigues, Montgaillard et Fauche; mais où sont donc ces trois individus pour les confronter à Pichegru? Où est Pichegru pour qu'il soit confronté à ces trois individus? et sans cette confrontation indispensable, comment oser prononcer?

3°. Avez-vous lu ce fameux monologue de M. d'Antraigue: vous sentez-vous le courage de suivre de près cette étrange relation

relation. Vous conviendrez, je pense, n'avoir jamais rien lu de semblable dans les relations d'aucun voyageur ? Si vous concevez comment ce Montgaillard, dont il parle, et qui je le suppose, connoît un peu le monde, députe vers un général François, qu'il ne connoît pas, un individu de Neuchatel, qui ne le connoît pas davantage, et cela sans un mot d'écrit, sans une lettre de créance; comment cet envoyé pénetre facilement au quartier-général, et se présentant comme une statue au passage du général françois, lui donne une extrême envie de le *connoître* et d'entrer en conversation; comment le général affecte de dire tout haut devant Fauche, *l'inconnu*, qu'il va dîner à trois lieues plus loin, chez une madame de Salomon; comment Fauche l'y poursuit, l'atteint, entre en matiere. . . . . Lecteur, si vous concevez tout cela, je n'aurai plus rien à vous dire.

C'est peu : Fauche court donc à la suite du général pour le joindre chez madame de Salomon. Fauche n'est point embarrassé comment l'aborder et lui parler : *Il monte au château après dîner, et demande le général ; celui-ci le reçoit dans le corridor en prenant du café.* Voyez les pieces imprimées, page 4.

Là commence un entretien, on ne peut plus innocemment familier. Deux amis intimes qui se retrouveroient après une longue absence, ne deviseroient pas avec une plus franche cordialité que l'imprimeur de Neuchatel, et ce général que l'on sait être aussi silencieux que Duguesclin..... Fort bien, dit Pichegru à Fauche, qui veut lui dédier un manuscrit de Rousseau; mais ce Rousseau a des principes qui ne sont pas les miens : et comme déja Fauche avoit déclaré avoir bien autre chose à dire; voilà Pichegru qui l'interrompt vivement : Eh! qu'y a-t-il donc? Qu'avez-vous à me dire? et au nom de qui? De grace, parlez, mon cher M. Fauche, me voilà qui vous écoute. Fauche avoit à peine prononcé le nom du Prince de Condé, que Pichegru ne se sentant pas de joie; chût, lui dit il, et parlons bas; et tout de suite il le conduit dans un cabinet reculé.

Alors trop heureux de pouvoir s'expliquer enfin librement dans un tête à tête, si savamment ménagé, le général finit par conclure, *qu'il lui faut des instructions écrites.* Qu'à cela ne tienne. Fauche reviendra bientôt avec des instructions écrites du prince de Condé ; et lors, après y avoir jeté un coup-d'œil, *cela me suffit*, dira le général en les remetant, je n'en veux pas davantage ; puis se mettant à parler, il expliquera à l'ami Fauche, comme quoi, rien n'étant plus facile au monde qu'une contre-révolution, il se propose d'être à Paris *dans quatorze jours* avec son armée, et d'y rétablir le roi sur le trône.

Voilà l'extrait fidelle de je ne sais quel chiffon imprimé, publié, affiché, colporté sous le titre de *Correspondance du comte d'Antraigues.*

Croira qui pourra, croira qui voudra les soliloques attribués à *M. le comte.*

Je ne ferai qu'une observation; avant tout, il faut consulter le caractere moral des hommes ; car c'est la premiere des probabilités. Nous avons, on le sait, beaucoup de généraux en France : or, il est des choses que je ne croirois jamais d'un caractere tel que Pichegru ou Buonaparte ; ou que je croirois à peine malgré le concours et l'authenticité des plus imposans témoignages. Je les croirois volontiers du commun des généraux, comme aussi du commun des hommes sans caractere.

Ceci me conduiroit à parler des étranges et si tardives réclamations du général Moreau, de l'excessive inconséquence avec laquelle, en avouant que toute preuve est impossible, il ose accuser Pichegru sous le nom de *Baptiste;* de la félonie avec laquelle il outrage celui qui fut son instituteur et son modele, si les bienséances que je n'ai point encore appris, graces au ciel, à fouler aux pieds, permettoient de verser l'opprobre sur celui dont on s'honora d'être l'ami. . . . Non, quoiqu'il arrive, ce n'est point à moi de me porter son accusateur; je gémis de sa dégradation, et le plaignant encore, je gémis de la condamnable foiblesse qui trop souvent fait compatir à la honte de ceux qu'il en coûte de mésestimer.

Je viens à la seconde piece imprimée, les déclarations de Duverne, et sans m'étendre sur cet objet, parce qu'en aucun pays du monde on n'admet le témoignage d'un infame. Certes, on doit se garder d'attacher, par une discussion sérieuse, quelque importance aux déclarations suggérées d'un traître. Mais puisque le traître a prononcé mon nom, ce que j'ai peine à croire encore, avec celui d'un autre de mes collegues, il m'importe de démentir, en ce qui me concerne, ses perfides assertions. Sa deuxieme déclaration est ainsi conçue :

« Nous ne connoissons pas les membres « du corps législatif qui sont de notre parti. « Lemerer et Mersan étoient nos seuls inter- « médiaires ; mais les autres sont les mem- « bres de la réunion de Clichi. »

Je prie d'abord que l'on veuille bien remarquer l'impudence avec laquelle ce misérable affirme, que les membres de la réunion de Clichi forment le parti royal, pour convenir ensuite qu'il ne connoît pas les membres du corps législatif qui sont de son parti, et finir néanmoins par assurer que ce sont, en grande partie, les membres de la réunion de Clichi.

Mais comment a-t-il su que les députés qui se réunissoient à Clichi, par la raison que plusieurs autres étoient réunis à l'hôtel de Noailles, sous la présidence permanente de Syeyes, formoient le parti royal ? — par l'intermede de Lemerer et Mersan.

Pour ce qui est de Mersan, j'observe que ce député est un de ceux qui avoient été interloqués au commencement de la premiere session, conformément à la fameuse loi du 3 brumaire, et qu'il n'assistoit point aux séances de Clichi, ouvertes aux seuls députés, délibérant au corps législatif; qu'il est par conséquent impossible qu'il ait pu servir d'*intermédiaire*. Quant à moi, j'observe 1°. que j'allois très-rarement à la réunion de Clichi. 2°. Que je n'ai vu de ma vie; que de ma vie je n'ai eu aucune espece de relations avec ce même Duverne, qui affirme que j'étois son agent près de la société de Clichi.

Voilà tout ce que je puis dire sur les déclarations de cet imposteur, en ce qu'elles me sont personnelles.

Que dirai-je maintenant de cette démonstration d'un nouveau genre que le triumvirat fait résulter des aveux prématurés de l'un des orateurs du royalisme, au mois de fructidor de l'an 4?

Cet orateur est le nommé Lemerer. (*) Pour le coup m'y voilà pris : je demeure également confondu et de la gravité du reproche et du ton superbe qui l'accompagne. J'oserai cependant, du fonds de la retraite

(*) Voyez le message imprimé.

où j'écris, adresser une parole respectueuse à la sublime Porte, et je lui dirai : Grands et magnifiques Sultans, écoutez-moi; je sais trop bien que s'il ne s'agit entre nous que de faculté personnelles, je ne puis ni ne veux être comparé en aucune façon, moi chétif, soit à vous, M. Paul Barras, le vainqueur de vendémiaire, et qui toujours noble dans vos discours comme dans vos actions, savez si bien *travailler la marchandise*; soit à vous M. Rewbel, qui jadis parûtes comme un astre à l'assemblée constituante; soit à vous M. Lepeau, le pere de la nouvelle église, l'Abubeckre des nouveaux croyans, *la bouche d'or* des vrais théophilantropes : mais enfin, citoyens directeurs, j'étois et je suis encore une *puissance*, représentant du peuple par la volonté du peuple *d'Ile et Vilaine*, sans que vos criminelles violences aient seulement effleuré l'empreinte de ce caractere. Votre secretaire rédacteur n'est donc qu'un pauvre homme étranger à toutes convenances diplomatiques, et qui ne se doute pas des égards que l'on doit encore aux puissances, même en leur déclarant la guerre. Je n'en dirai pas davantage; ce mot doit nous suffire, à vous ainsi qu'à moi, parce qu'on ne doit pas autrement prendre garde aux insolences de la livrée. J'irois même jusqu'à demander grace pour celui qui, sous la vôtre, est tombé dans cette incongruité sans exemple; car il me paroît avoir tout justement la dose d'esprit et d'honneur qu'il faut pour vous servir.

Ensuite quel est donc ce discours imprudent, qui suivant vous, doit avoir donné l'éveil aux républicains, et divulgué prématurément les secrets du royalisme? J'ai dit, en parlant de la loi du 7 brumaire, laquelle renversoit tout l'ordre constitutionel dans ses fondemens, immédiatement après la constitution acceptée, que c'étoit pour la premiere fois qu'on avoit vu une assemblée de législateurs, qui presque toujours sont les amans jaloux de leur ouvrage, et qui se flattent de vivre dans sa durée, le briser avec plus de précipitation et de dédain, que le potier ne rejette le vase informe échappé à sa roue; qu'à la vérité, la seconde législature avoit mis en pieces la constitution de 1791; mais du moins c'est l'œuvre d'autrui qu'elle défaisoit.... Ah! ah! s'écrierent les gens de la Montagne;

voyez-vous comme il fait le procès à l'immortelle journée du 10 août ! et Bourdon de l'Oise, aujourd'hui déporté, crioit au-dessus de tous les autres ; *il faut absolument qu'il s'explique ; je demande qu'il s'explique.* Comme l'explication n'étoit pas fort difficile, je me prêtai volontiers à la donner, en répétant ce que j'avois dit.

Voilà donc à quoi se réduit dans toute la vérité, cette agression de ma part si brusque et si téméraire, qu'elle a dévoilé au grand jour tous les projets du royalisme. Apprenez-donc à connoître enfin nos calomniateurs ; jugez-donc de l'audace avec laquelle ils supposeront constamment tout ce qu'il leur convient de supposer ; et gémissez en même temps de cette fatalité qui veut que le succès soit toujours le prix de l'impudence ; et qu'à force de répéter les plus grossieres impostures, on finisse trop souvent par les faire adopter ; jugez enfin, ce que doit être cette grande conspiration dont on est réduit à constater l'existence par des preuves de cette fabrique ?

Ainsi disparoît au premier examen ce fantôme que le triumvirat eut besoin d'imaginer pour servir de prétexte à la conspiration malheureusement trop réelle, dont il vient de frapper les derniers coups; fidele au plan dont tous les machinateurs se sont constamment servi durant le cours de la révolution, avec un succès toujours égal, de distraire de leurs attentats, en nourrissant la crédulité populaire par des fictions.

Ils osoient nous accuser, les brigands! de chercher à prolonger les calamités de la guerre; de conjurer contre la paix, qui fut le plus ardent de nos vœux; et voilà qu'après l'attentat du 18, s'ils feignent de répondre au cri du peuple par les dispositions ou les apparences d'une paix simulée, ils ont soin de féconder en même temps tous les germes de la guerre. Par-tout leurs émissaires ont redoublé d'activité et d'audace pour insulter, provoquer les gouvernemens étrangers, et répandre dans leur pays les principes de la révolte et de l'anarchie.

Ils osoient nous accuser, les brigands! d'avoir conjuré la ruine des malheureux rentiers et pensionnaires; et voilà que l'un des premiers actes commandés au squelette législatif est une banqueroute absolue sous la bénigne expression *de mo-*

bilisation. Plus de fortune publique ; les inscriptions déja tombées de plus de moitié, les changes baissés de quatre ou cinq pour cent, au préjudice de la France ; les marchandises et denrées augmentés dans la même proportion ; le crédit anéanti ; la circulation tout à coup arrêtée ; voilà les premiers bienfaits du 18 fructidor, et déja les misérables qui ont fait de ce jour un jour à jamais désastreux, n'expliquent ces tristes et nécessaires résultats de leur crime, qu'en supposant à leur maniere une *conspiration de banquiers.*

Des contributions nouvelles vont achever d'écraser le peuple.

Elle est enfin consommée cette horrible machination ; il n'est plus de constitution, plus de représentation nationale. Hélas ! existe-t-il même une patrie pour les malheureux François ? Voilà donc le terme auquel devoient aboutir tant defforts et de sacrifices, de crimes et de malheurs, d'héroïsme et de combats ! c'est pour ramper aux pieds d'un Rewbel et d'un Merlin que la France aura versé son sang et ses trésors ! Providence éternelle, qu'avons-nous fait pour être tombés dans cet abyme d'ignominie et d'abjection ? Où sommes-nous? où allons-nous? une nouvelle terreur a commencé. Déja l'appareil des supplices; déja par-tout l'image multipliée de la mort. La mort est sur les pas d'une foule innombrable de François, dont tout le crime est que leur nom ait été furtivement inscrit sur une liste, sans parler de ceux dont le crime est d'avoir réellement abandonné la terre qui les dévoroit. Déja le régime militaire se déployant avec ses horreurs, annonce des horreurs que l'on n'ose prévoir. Bientôt, peut-être, l'empire sera mis à l'encan par nos armées; et l'infernal esprit du *justicier* Merlin triomphant de l'inutile audace du *soldat* Barras, on verra peut-être l'avocat de Douai, non pas acheter un diadême pour son compte, comme jadis un jurisconsulte de Rome; mais le marchander du moins pour les restes déshonorés du plus vil de tous les hommes.

Citoyens, daignez m'en croire. Cette machination profonde s'est formée longtemps avant la derniere constitution. Quelquefois suspendue, jamais abandonnée; elle a parcouru tous les périodes révolutionnaires. Après la constitution acceptée, la loi du 3 brumaire en fut le premier essai, et depuis les conspirateurs ont marché à grands pas vers le but marqué par leurs affreux projets.

Quel en sera le résultat ? Quels sont les moyens de résistance et d'opposition qui restent à la nation ? Que doit elle espérer ou craindre de ses armées ? Quel en est le véritable esprit ? Comment doivent-être calculées les chances de la guerre, relativement à notre état intérieur ? Qu'augurer de la réaction possible de l'Europe déja à moitié révolutionnée ? Quels changemens avons-nous à nous promettre, et de la dissolution probable du corps législatif, et de l'inévitable division qui doit éclater parmi les machinateurs ? Enfin, quelles sont les dernieres ressources du peuple. François, pour n'être pas englouti par la faction d'Orléans ? Voilà ce que je propose dès ici à la méditation de mes concitoyens ; et sur quoi j'oserai hasarder quelques réflexions dans un écrit séparé.

F I N.

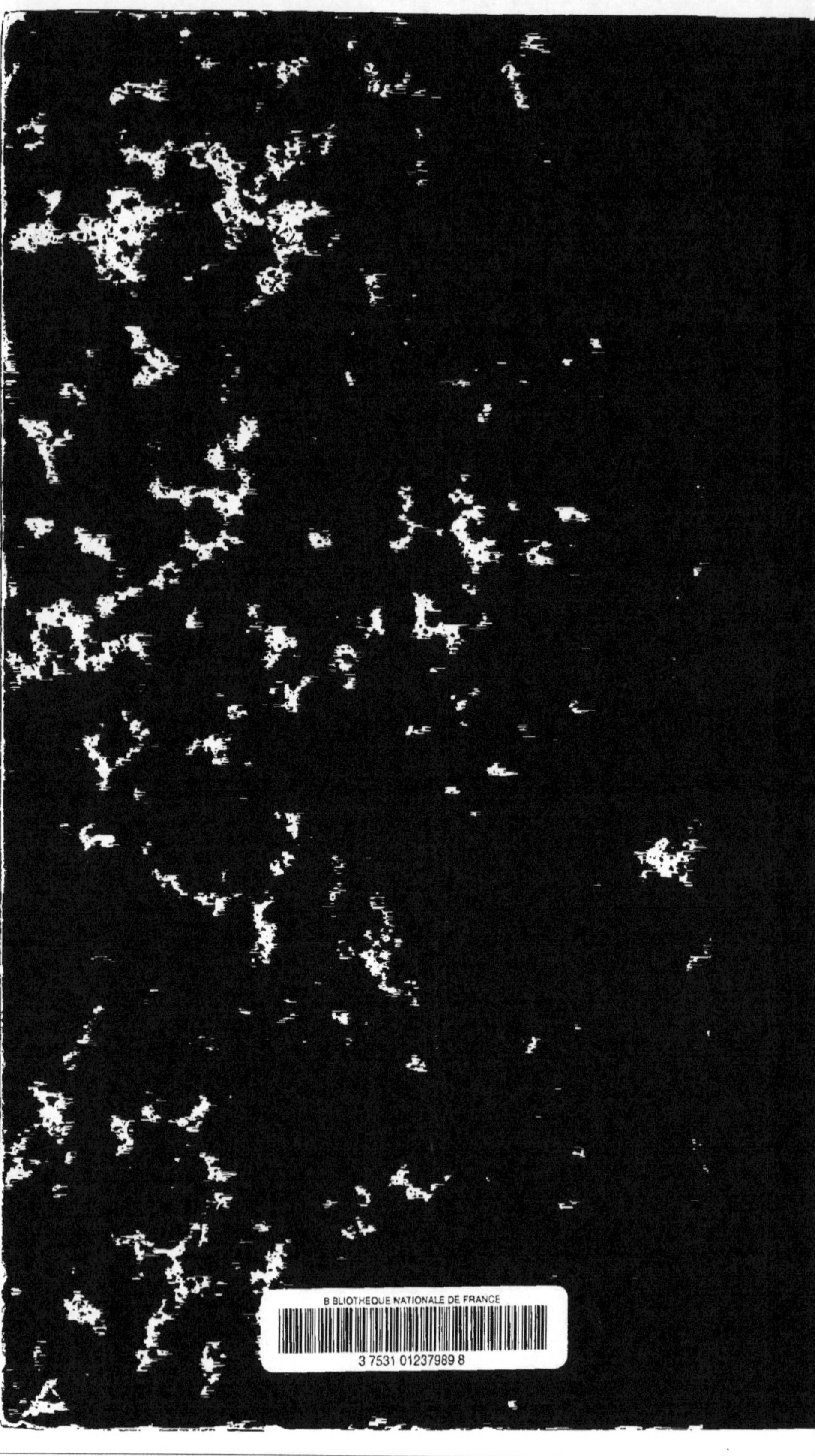

B BLIOTHEQUE NATIONALE DE FRANCE
3 7531 01237989 8